歴史文化ライブラリー
398

馬と人の江戸時代

兼平賢治

吉川弘文館

目　次

身分標識としての馬

1　馬と人の江戸時代，そして現在

馬と人の江戸時代、そして現在——プロローグ

歴史のなかの動物・人間・自然

読者のみなさんが、江戸時代の人々の生活場面を思い浮かべた時、そこにどれだけの動物の姿があるだろうか。

いま、現在の岩手県盛岡市を城下町とした盛岡藩の家老席日記で、江戸時代前期の寛永二一年（正保元年、一六四四）から幕末に近い天保一一年（一八四〇）まで書き継がれた「雑書《ざつしょ》」（一九〇冊）を繙《ひもと》いてみると、魹《とど》・膃肭臍《おっとせい》・海豹《あざらし》、熊・狼・馬・牛・羚羊《かもしか》・猪・鹿・豚・狐・犬・兎・鼬《いたち》・川獺《かわうそ》、鷹《たか》・鷲《わし》・白鳥・鶴・鴇《とき》・鴨・雉子《きじ》・白《はっ》鷴《かん》・雁《がん》・鵜《う》・土鳩《どばと》・烏《からす》・鶏・雲雀《ひばり》、鯨《くじら》・鮫《さめ》・鮪《まぐろ》・鱈《たら》・鰤《ぶり》・鰹《かつお》・鮟鱇《あんこう》・鯛・鮭・鱒《ます》・鱸《すずき》・鰈《かれい》・鰊《にしん》・鰯《いわし》・鮎《あゆ》・鰰《はたはた》・鰻・鯉、海鼠《なまこ》・鮑《あわび》・蛸《たこ》・海栗《うに》、蝮《まむし》……と、空に、海に、山

図１　雑書（もりおか歴史文化館所蔵）

に、川に、そして、飼われていたり迷い込んだりした城内や城下・町・村に、我々が想像している以上に実に多くの動物たちが、人々の身近に存在していたのである。

そして、これだけの動物が身近に存在していたのだから、そこには、これら動物と人間とを育む豊かな自然が広がっていた。我々はそうした自然から、常にその恩恵を享受してきた。

しかし、その自然が一転、動物と人間の脅威となることもあった。自然が潜在させる驚異的な力は、動物と人間の生命を危機に陥れ、奪いもした。近年、日本列島を襲う地震や台風、豪雨による土砂災害、竜巻（突風）、火山の噴火などによって、多くの尊い命が犠牲になっている。東北地方の北東部に位置し、太平洋に面した盛岡藩領では、特に、大雪や津波、山背《やませ》といった自然現象が、雪害や水火の難、冷害やそれにともない発生する飢饉などの災害を引き起こし、甚大な被害を与えていたのである。

こうした優しくも厳しい自然環境のなかで、動物と人間は、ともに深くかかわりあいながら生きていたのであるが、その関係性も、良好な関係、対立する関係といった単純なものではなく、多様な関係が複雑に交錯したなかで展開していたのである。

人間に寄り添う馬

では、これだけの種類の動物たちのなかでも、特に江戸時代の多くの人々に寄り添って生きていた動物といえば、それはやはり馬ということになろう。武士も公家も町人も百姓も、それこそ将軍から水呑百姓に至るまで、あらゆる身分の人々と馬はともにあったのであり、武士の政治・居住の場（城内・城下）、天皇と貴族の空間（朝廷）、町人の商工業の場（町）、百姓の農林水産業の場（村）に馬がいたのである。

人々が往来する街道や渡し船にはもちろん、神の乗り物とされ、神聖で高貴という観念が存在していた馬は（塚本、一九八四）、人々が信仰する神社に奉納されて神馬となったし、祭礼では流鏑馬《やぶさめ》が行われ、見世物では曲馬《きょくば》が行われたりもしたから、江戸時代のあらゆる場面を切りとっても、その多くに馬がいたのである。

ちなみに、幕府は琉球・朝鮮・オランダなどから馬を贈られたり、あるいは輸入したりしており、また、相手国へ馬を贈ることもあったから、対外関係の場においても馬を介し

図２　馬頭観音の石碑

た交流がみられた。朝鮮通信使が来日した際は、諸大名が馬を準備し、朝鮮人によって曲馬が披露された。

　生きた馬ばかりでなく、死馬の処理にあたり、皮革細工を行ったえたなどの存在もあったし、馬の無病息災と供養のために建てられた馬頭観音《ばとうかんのん》の古い石碑を、郊外の道端などで目にされたことがあるのではないだろうか。山の雪解けによって現れる馬の雪形を農作業の開始時期の目安としているところもあるし、各地に伝わる民謡には、馬や馬を牽《ひ》く馬《うま》方《かた》・馬子《まご》が登場するものも多い。文学作品や絵画のなかにも馬はよく登場するし、古くは馬を神社に奉納することからはじまった絵馬奉納の習俗は、願掛けの際などにいまなお受け継がれている。読者のなかにも、受験の合格祈願に絵馬を奉納した方も多いだろう。

　このように、馬は、精神的な深層部分に至るまで人々の営みのあらゆる場面に深く入り込んでいたのであり、そこから文化が生み出されてもいたのであるから、馬そのものが、まさに人間の歴史を語る存在ということができよう。

東の馬、西の牛

ただ、そこには地域差があった。古くから東は馬、西は牛、といわれる。確かに、分布数からしても（市川、一九八二）、近畿・中国・四国地方では牛の方が馴染み深いし、実際に牛が多かった。しかし、西日本の武士の軍役を牛でというわけにはいかないし、街道には伝馬《てんま》制が敷かれていたことだけをみても、これらの地域も馬と無縁でいられなかったことはいうまでもない。

そして、馬の産地として古代以来、全国に知られていたのが、東日本のなかでも東北地方であった。蝦夷《えみし》とよばれた人々と交易して得た馬を都に貢進していた古代から、武士や貴族たちの垂涎《すいぜん》の的《まと》であった糠部《ぬかのぶ》の駿馬をはじめとする名馬の産地として知られた中世、徳川将軍の「御馬」が幕末に至るまで盛岡・仙台両藩から毎年購入され続けていた近世、そして、明治時代の日清・日露戦争から昭和時代の太平洋戦争にかけては国策として、馬の品種改良がすすめられ、大量の軍馬を生産し、戦地へ送ることが求められた。

東北地方と馬

私が育った盛岡市、そして、これまで自治体史編纂で携わってきた青森県八戸《はちのへ》市・宮城県岩沼市・福島県原町市（現南相馬市）は、みな古くから馬との縁が深い地域であるという共通点をもつ。八戸・岩沼・原町に縁をもった経緯は馬とは関係なく、そうした意味では偶然なのであるが、馬産地であった東北の自治体史編

図３　チャグチャグ馬コ（盛岡観光コンベンション協会提供）

纂に携わると、馬抜きには語れない地域の歴史も多く、そうした意味では全くの偶然だけではないのである。

盛岡とそれに隣接する滝沢市では、六月の第二土曜日に、全国に知られるチャグチャグ馬コのパレードが行われる。岩手山が眺望でき北上川《きたかみがわ》が蕩《とう》蕩《とう》と流れる盛岡の市街を、一〇〇頭近くの色鮮やかに着飾った馬が歩く姿は、見応え十分である。そして、その馬の歩みにあわせて鳴る鈴と蹄《ひずめ》の音、馬が途中で落とす馬糞のにおい、まさに視覚・聴覚・嗅覚で馬を感じられる祭りが街中で行われているのである。

無音・無臭のなかで歴史を思い浮かべてしまいがちだが、色・音・においが歴史をより具体的にイメージさせる重要な要素でもある。この祭りの起源は、江戸時代に農民が農作業をともにする馬の無病息災を祈願するために、馬を牽いて行われていた蒼前《そうぜん》参りである。

八戸は古代以来の馬産地で、岩手県北から青森県南東部にかけて、一戸《いちのへ》から九戸《くのへ》まで「戸」の付く馬産に由来する地名があり、中世において「戸立の馬」といえば、源頼朝が秘蔵するほどの名馬を輩出しており、武士の垂涎の的であった。「〜立」とは「〜産」という意味であるから、「戸立の馬」とは一戸から九戸の産であることを示している。現在も、四戸を除く地名は自治体の名として残されている。

図４　相馬野馬追（相馬野馬追執行委員会提供）

奥州道中と浜街道の合流する宿場であった岩沼は、仙台藩の馬市が開かれていたことでも知られ、関東地方からも多くの馬喰《ばくろう》が集まった。馬市が終わると売買人が各地に一斉に帰って行くことから、「御別れ市」ともよばれた（「牧畜」宮城県公文書館所蔵）。原町も江戸時代には宿場として賑わったが、全国に知られる馬の伝統行事である相馬野馬追《そうまのまおい》が、地域の誇りとなり核になっている。

野馬追は、相馬氏の祖とされる平将門が、牧に放った野馬を敵に見立て、軍陣を組んで追い込むことを軍事訓練として行ったことが起源とされる。江戸時代の紀行文である「東遊雑記《とうゆうざつき》」（『日本庶民生活史料集成』）にも、「太平に住みて戦場の意を忘れざる武門の心得にして、駒を取るを高名とし、年々戦場の稽古」と記録されている。現在の騎馬武者行列も勇壮で、観光客などが道路を渡る際に行列を横切ろうものなら、騎馬武者たちから容赦なく厳しい声が掛けられる。野馬追のために馬を飼ったり、武具・馬具を骨董商から買い求めたり、刀剣を愛好するなど、武を貴ぶ気風はいまもなお相馬に色濃く残っている。

余談になるが、相馬地方の方言は抑揚の少ない特徴あるものだから、骨董商は話をして相馬の人だとわかると、「多少高くても必ず購入するだろう」と、値引きを抑えると聞いたことがある。

秋田県と山形県にも触れると、後に紹介する江戸幕府の馬買役人である公儀御馬買衆《こうぎおうまかいしゅう》は、毎年、東北を一巡して幕府公用馬を購入していたが、秋田藩の横手《よこて》（現秋田県横手市）や幕府領の尾花沢《おばなざわ》（現山形県尾花沢市）で開かれていた馬市にも立ち寄って馬を購入していた。そして、公儀御馬買衆の来訪は、これらの地域にも様々な影響を与えていたのである。現在では、平成一九年（二〇〇七）から山形市の新しい祭りとして、馬まつりが開催されるなどしている。

東日本大震災と馬

　このように、現在も馬とのかかわりが深い東北地方なのだが、そのことを改めて認識させられたのが、平成二三年（二〇一一）三月一一日に発生した東日本大震災である。太平洋側の岩手・宮城・福島の三県は特に甚大な被害を被ったことから、先に紹介したチャグチャグ馬コと相馬野馬追は開催が危ぶまれたが、規模こそ縮小されたものの、復興への強い願いが込められて、震災発生の年も例年どおり、それぞれ開催されたのである。

　また、震災関連の新聞記事やテレビをみていると、現在に至るまで馬が取り上げられている。宮城県仙台市荒浜にあった乗馬クラブは津波にのまれ馬も流されたが、人々が救助して多くの命が救われた（『河北新報』）。岩手では、沿岸に住む馬主が被災したことで飼育困難となった馬を助けるために、募金がよびかけられた（『岩手日報』）。福島の原発事故で警戒区域となった地域の馬を保護した縁で、岩手県金ヶ崎町では相馬野馬追の行列が再現され、訪れた福島の人々との交流が深められたという（『胆江日日新聞』）。

　さらに、アニマルセラピーが注目されて、被災者の心を癒す動物として馬（ホースセラピー）が活用されていることも紹介されている（東北放送）。

受け継がれる馬事文化

確かに、昭和三〇年代以降（一九五五〜）、東北地方も農業の機械化とモータリゼーションがすすんで、馬が急激に姿を消し、身近な存在でなくなっていったことは事実である。学生が、講義後に私のところに来て、「祖父が「ばくろうさん」とよばれていた意味がはじめてわかりました」と話してくれたが、馬の商売と獣医を兼ねた馬喰も村から姿を消していた。日常から馬や馬喰が姿を消し、厩《きゅう》肥《ひ》のにおいも蹄の音も消えて久しい。

しかしながら、これまでみてきたように、現在に至るまで東北地方の馬の文化が着実に受け継がれており、地域のアイデンティティの基盤のひとつになっているのである。また、新たな動きとして、岩手県遠野市では、近年、林業において山から伐り出した材木を馬が運び出す馬搬が見直され、活用と普及がはかられている。同じく八幡平市では、競走馬を引退した馬を飼育する牧場で馬糞堆肥が生産されて、市内の農家で利用されており、多くが殺処分される引退した競走馬の新たな活用と、ビルの屋上の緑化などに馬糞堆肥の活用が期待されているという（『岩手日報』）。

南部馬

このように、古くからの馬産地として知られる東北地方なのだが、そのなかでも江戸時代に「海内《かいだい》第一」（「東遊雑記」）と評されたのが、盛岡藩領産の「南部馬」であった。中世以来、糠部の駿馬や戸立の馬といった名馬を輩出した地域をその藩領とする盛岡藩領産の馬である。南部馬は、将軍や多くの大名、旗本が馬買役人を派遣して購入していたから、軍馬（乗馬）として優れていたのはいうまでもなく、その体格と性格から、農馬としても優れており、馬喰によって広く関東地方まで流通して重宝されていた。

図5　馬搬の様子（村上昭浩氏撮影）

「雑書」に記載された百姓の家の火事を書き留めた記事をみると、「人馬怪我無し」が常套句として使われるし、また、不作が続いた時や飢饉の時には、「人馬減少」と表現されたり、「人馬諸役勤めかね申し候」とあったりするように、人とともにあった馬を特に大事に労《いたわ》っていたことがわかる。教科書にも取り上げられている南部曲家《なんぶまがりや》は、盛岡藩領を中心にみられる人と馬がともに生活する家のつくりとなっている。「人馬」という言葉が象徴するように、それだけ人と馬が密接にかかわりあいながら生活していたのである。

そして、寛政九年（一七九七）には約九万頭の南部馬をその領内に抱え、また、良馬の産地として期待され、それに応えようと努めていた盛岡藩では、南部馬の存在が、藩政のあり方のみならず、領民の日々の営みをも規定していた。南部馬の生産と飼育には、領民の負担と努力によるところが大きかったのである。南部馬を飼育するためには、牧の管理や飼料となる秣《まぐさ》・大豆・糠《ぬか》などの確保、さらに、狼をはじめとする害獣への対策など、自然とのかかわりが不可欠であった。

全国に知られた南部馬に注目することで、江戸時代における馬と人との関係、さらには自然と動物と人間とのかかわりあいの実態が浮かび上がってくるだろう。そこで以降は、盛岡藩と南部馬を中心に、馬と人からみた江戸時代を描いていくことにしよう。

なお、盛岡藩では、藩の牧（「御野」）で飼育されている馬を「野馬《のま》」、領民が所持し飼育している馬を「里馬」と区別して把握していたこと、また、牡馬《ぼば》（男馬）を「駒」、牝《ひん》馬《ば》（女馬）を「駄」とよんでいたことを、はじめに確認しておく。

権力者と馬

天下人と馬

馬があらゆる身分の人々とともにあったことは先に述べたが、そうであるからこそ、時の権力者たちは、自身の地位にふさわしい他を圧倒する優れた馬の確保に努めていた。その馬として注目されてきたのが、東北の馬であった。

朝廷・貴族社会と馬

馬といえば武士を想像しがちであるが、例えば、古くは朝廷・貴族社会の頂点たる天皇や上皇（院）、権力を手にした摂関家にも、東北の馬が奥州の支配者で平泉を拠点とした奥州藤原氏から贈られていた。そうした馬は、天皇に披露目されて朝廷の厩舎に納められ、諸社へ奉納されたり、貴族や武士に下賜されたりして乗馬となるなどした。また、宮中や貴族の邸宅、諸社などでは、年中行事として競馬《くらべうま》や流鏑馬《やぶさめ》などが行われていた。そして、この貢馬は、奥州藤原氏を滅ぼし鎌倉幕府を開いた源頼朝へと引き継がれている。

室町時代には、贈答儀礼の八朔《はっさく》が公式儀礼として整備され、幕府から朝廷への進物は、八代将軍足利義政の頃から太刀と馬に固定されて（二木、一九八五）、江戸幕府もこれを引き継いだ。徳川将軍が八朔の儀礼を継承した背景として、室町将軍の伝統を受け継いだというほかに、「高貴八朔考」は、将軍宣下に際して、将軍が天皇（朝廷）の馬を統括する役職である馬寮《めりょう》監《げん》にも任官することに由来するものと説明している（『古事類苑』）。

また、「本朝食鑑」によると、幕府が馬方役人を派遣して購入した東北の馬（「奥の仙台・南部等」）が朝廷へ贈られていたというから、八朔の進物に東北の馬も利用されていたのだろう（『古事類苑』）。また反対に、朝廷から幕府へ馬が下賜されることもあった。

このように、朝廷・貴族社会とその頂点たる天皇や上皇にとっても、馬が重要な存在であったのである。

天下人と馬・鷹

武家においては、戦乱の世にあって統一事業をすすめ、権力者にのぼり詰めた天下人である織田信長・豊臣秀吉・徳川家康が、古代から富と権力の象徴であった馬と鷹を権威誇示に巧みに利用した。そして、その産地として知ら

図6　鷹（「鷹狩図屏風」日東紡績株式会社所蔵）

れた東北地方を掌握することは、古代以来の伝統に裏打ちされた優れた馬と鷹を獲得する上でも重要であった。

　ここで、馬とともに権力者と深い結びつきをもつ動物の鷹についても言及しておこう。古くから、権力者が支配した地域を掌握したことを知らしめる手段などとして、鷹狩が行われたが、その獲物を上位者に献上する、あるいは下位者に下賜することで、両者の関係性を確認する儀礼が行われた。古代においては天皇自らが鷹狩を行い、天皇と一部の貴族が鷹飼・放鷹の権を独占して、私的な鷹飼・放鷹を禁じていた。

　中世になると、武士のあいだで鷹狩が盛んに行われるようになり、戦国大名は領国における放鷹の権を握った。逸物の鷹を確保し飼育するには多額の費用を要するから、鷹は馬とならび、古い伝統を有する富と権力の象徴としてあり、天下人もそれを利用したのである。

信長と馬

天正元年（一五七三）に室町幕府の将軍足利義昭を追放し、天下統一事業をすすめた信長は、天下人にふさわしい駿馬と逸物の鷹を求め、東北の大名に馬と鷹を所望して、馬喰《ばくろう》と鷹師を派遣しており、大名たちは、信長との関係を構築しようと競うように馬と鷹を献上していた。また、信長が馬揃《うまぞろえ》で武力と権力を示威していたことも、よく知られている。天正九年（一五八一）、正親町《おおぎまち》天皇を招いて挙行された京都馬揃は、特に有名である。

その京都馬揃の前年、天正八年（一五八〇）九月のものとされる信長朱印状によると、信長は、「駿馬」がいると聞き及んで、現在の宮城県北部を支配した戦国大名の大崎義隆《おおさきよしたか》のもとに、馬喰の内田弥左衛門を派遣している（「宝翰類聚」岩手県立図書館所蔵）。

この大崎氏が支配した地域は、古くから馬牧が開かれており、江戸時代には仙台藩の馬産地としても引き継がれ、明治時代は陸軍の軍馬補充部が置かれたところである。なお、明治天皇の御料馬となった金華山号を生んだ鬼首《おにこうべ》（現大崎市）を含む地域でもある。まさに「駿馬」の産地であった。

秀吉は鷹

ついで天下人になった秀吉は、大名たちから馬の献上を受けてはいたが、政治利用という点では、おもに鷹を活用した。例えば、長谷川成一氏が指摘するように、東北地方の諸大名を自らの権力体系のなかに組み込む手段に、鷹献上を利用していたのである（長谷川、一九九八）。

東北の大名は、鷹献上を行うことで豊臣政権に服属し、その後も主従関係に基づき鷹献上を続けた。また、豊臣政権は、鷹の産地である松前と津軽の鷹を独占し、その鷹を北国街道で京都まで輸送させることで、東北の大名を含む輸送路にあたる大名、つまり日本海沿岸の大名を実質的に権力体系のなかに組み込んでいった。秀吉は鷹を武威の高揚にも利用したから、豊臣政権は恒常的に逸物の鷹を確保する必要があったのである。

家康と馬

このように、秀吉は松前・津軽の鷹を独占し、恒常的に逸物の鷹を確保する仕組みをつくりあげており、次いで天下人となる家康も基本的にはその仕組みを踏襲したが、馬について、秀吉がそのような仕組みをつくりあげた形跡はみられない。一方で、家康とその世嗣である秀忠は、早くから東北の馬を恒常的に確保することに努めていた。

家康と秀忠は、幕府が開かれる以前、秀吉が亡くなるあたりから、毎年のように頻繁に御馬御用役人を派遣して、南部馬の確保に努めていたのである（『譜牒余録』／「南部古実伝記」『青森県史』資料編）。また、家康は、盛岡藩主の南部《なんぶ》利直《としなお》をたびたび召しては「鷹馬の物語」をしていたという（『徳川実紀』）。では、なぜ家康と秀忠は、それほどまでして南部馬の確保に努めていたのだろうか。

その背景を探るために、武士にとって馬がどのような存在であったのか、まずは確認しておこう。

武士と馬

軍事権を兵馬《へいば》の権《けん》とよび、馬揃によって軍事力を示威し、そして、武家諸法度に「文武弓馬の道、専ら相嗜むべき事」ともあるように、弓術とともに馬術を殊に重んじる、武芸を職能とする武士にとって、馬は武威と武芸を象徴する存在であった。また、戦闘者たる武士にとって馬は武具のひとつであるから、良馬を確保し乗りこなすことは、軍事力の優位さと、武芸の技量が秀でていることを周囲に知らしめた。

さらに、馬上で戦をすることが本来的な武士身分の象徴とされていたから（久留島、二〇〇〇）、馬は武士そのものを象徴する存在であったといえる。そして、名馬を飼うことは武士のあるべき姿とされていたから、江戸時代には、諸国の武士たちが江戸でその馬の質を競い合ってもいた（塚本、一九九五）。

泰平の世と馬

一方で、泰平の世が到来した江戸時代の武家社会において、馬は実戦の場から離れ、儀礼の場において一層重要な位置を占めるようになった。

馬は、主君から家臣に下賜され、家臣から主君へ献上されることで、主従関係をより強固なものとする媒体の役割を果たしており、それはまた、大名や旗本が相互に懇親を深めるための贈り物としての役割も果たしていたが、そこでは、実戦の場で活躍する馬（使う馬）以上に、見た目が美しくなるように筋を切るなどの処置が施された拵馬《こしらえうま》（見せる馬）がもてはやされた点が、江戸時代の大きな特徴であろう。

平和が持続するなか、都市に集住した江戸時代の武士は、実戦の場で使うことのない馬を、極めて飼育困難な生活環境のなかで維持しなければならず、下級武士などは、馬を手放さざるを得ない状況に追い込まれた（塚本、一九八四）。

しかし、武士である以上、馬と全く無縁な存在にはなれず、特に領主層は、所有する馬が戦闘者としての自己の武威と武芸を、また儀礼の場においては自己の身分格式を、それぞれ可視化し象徴する存在であったから、武士はそれにふさわしい馬の確保に努めていたのである。

武家の棟梁と馬

なかでも武家の頂点たる将軍にあっては、自他ともに認める最も優れた馬（御馬）を確保する必要があった。その馬が、古代以来の馬産地で、中世以降は多くの武士がその獲得に意を注いできたという伝統に裏打ちされた東北の馬であり、なかでも南部馬だったのだろう（拙稿、二〇〇七ｂ）。

また、野口実氏によると、武芸＝弓馬の芸に秀でること、馬・武器・馬具を大量かつ円滑に調達しうることが武家の棟梁としての条件であり、そのために、武家の棟梁は馬や武器の生産地の一元的掌握が要請されたという（野口、一九九四）。武家の棟梁たる征夷大将軍に就任する前後の家康による頻繁な御馬御用役人の派遣と、南部馬の積極的な確保は、こうした武家の伝統を強く意識したものでもあろう（拙稿、二〇〇七ｂ）。

図7　徳川家康（堺市博物館所蔵）

家康と秀忠は、慶長期（一五九六〜一六一五）から御馬御用役人を派遣していたが、これが元和期以降（一六一五〜）に「公儀《こうぎ》御《お》馬買《うまかい》衆《しゅう》」として史料に登場する幕府馬方派遣の原形であろう。慶長期に御馬御用役人として派遣されていた木村九郎左衛門の子で、江戸城本丸厩奉行の孫八郎が、公儀御馬買衆として東北へ派遣されており、その連続性を強く推測させる。父子二代、あるいは三代にわたり公儀御馬買衆に任命される旗本も多く、これらの家は、馬の知識や技能を伝えて家職とし、将軍の「御馬」と幕府の馬政《ばせい》を支えていたのである。

府中への派遣

ちなみに、家康が武蔵国府中（現東京都府中市）の馬市で買い上げた軍馬で大坂の陣を勝利した吉例から、公儀御馬買衆は、東北ばかりでなく府中の馬市にも恒常的に派遣されており、例えば元和八年（一六二二）には、隠居して国許にいた細川忠興《ほそかわただおき》（三斎《さんさい》）の求めに応じて、小倉《こくら》藩主の細川忠利《ただとし》が「府中の市」で馬を調達して送るなど（『細川家史料』）、大名たちも購入しており、その馬市には、南部・仙台・江戸の馬喰たちが詰めていたという（北原、一九六七）。

実際に馬市では、府中に近い馬産地の信州馬などとともに、仙台馬が買い上げられており（『松平大和守日記』）、盛岡・仙台両藩領の馬喰たちの商圏の広がりを確認できる。改めて両藩が馬産地として全国に知られ、南部馬・仙台馬が全国に名高い良馬であったことを示していよう。

この府中の馬市であるが、東北に派遣されていた公儀御馬買衆と同じ旗本が派遣されるなどして、「御馬」の買い上げが行われていたが、馬市が衰退して取引の中心が江戸に移ると、享保七年（一七二二）には派遣が廃止されて買い上げがなくなった。ただし、家康以来の吉例でもあったので、馬喰頭が府中に派遣されて「馬市の真似ごと（御馬町之学）」

をして帰るという、旧事をしのぶ儀式がその後も続けられたという（北原、一九六七）。

では、東北への公儀御馬買衆の派遣の実態はいかなるものだったのだろうか。次に詳しく紹介しよう。

将軍の御馬を求めて

歴代の徳川将軍はどのように「御馬」を確保していたのだろうか。御馬御用役人の職掌を引き継いで東北に派遣された公儀御馬買衆（以下は御馬買衆）について紹介していこう。

御馬買衆と国廻衆

徳川秀忠が大御所で、家光が将軍だった寛永前期（一六二四〜）の御馬買衆の派遣について、秋田藩の『梅津政景日記《うめづまさかげにっき》』をみると、ほぼ毎年派遣されていることが確認できるが、派遣される旗本の人数や経路が定まっておらず、寛永中後期になって制度的な派遣が確立した。すなわち、幕府馬方の旗本二人が、九月に江戸を出立し、奥州道中で仙台藩領まで来ると、笹谷《ささや》街道で山形に向かい、羽州《うしゅう》街道を北進して秋田藩領の横手《よこて》に逗留する。さらに秋田（雫石《しずくいし》）街道で奥羽山脈を越えて盛岡藩領に入って盛岡に逗留し、その後は奥州道中を南進して仙台に逗留したのち江戸へと帰っていく経路が固定した。

東北諸藩をほぼ一巡する経路が採用されている。それは馬市が開かれていた横手、そして盛岡・仙台で馬を購入するからであるが、寛永九年（一六三二）に大御所秀忠が没し、実質的な代替わりを迎えた三代将軍家光が、翌年に諸国巡見使の嚆矢《こうし》となる国廻《くにまわり》衆《しゅう》を全国に派遣していることにも注目したい。家光が御馬買衆に「物聞」としての任務を期待していたとすれば、この時期的な一致は単なる偶然ではないのかもしれない。

図８　徳川家光（堺市博物館所蔵）

経路が固定化されて以降、弘前藩へは御馬買衆の通過がなくなるのだが、実は家康と秀忠は、松前・津軽・南部の鷹を求めて、御馬御用役人と同様に御鷹御用役人を早くから派遣しており、これがやがて公儀御鷹師衆（公儀御鷹匠衆とも）に引き継がれて松前・津軽・南部へ派遣されていたから、弘前藩に関しては、この公儀御鷹師衆がカバーしていたともいえる（拙稿、二〇一五）。

東北諸藩を一巡する経路の固定化には、単に効率化というだけではなく、実質的な代替わりを迎えた家光の緊張感がその背景にあったのではなかろうか。

御馬買衆の実態

御馬買衆は通過する東北の諸藩で丁重なもてなしを受けており、長く逗留する盛岡・仙台では接待が繰り返され、多くの進物が贈られている。盛岡藩では、御馬買衆の所望に応じて、鹿肉や熊胆《くまのい》、生薬の細辛《さいしん》、膃肭臍《おっとせい》などを贈っていたし、また、仙台藩では、名勝地の松島と塩竈《しおがま》に案内して酒を振る舞うなどしている。盛岡・仙台両藩の気遣いぶりと苦労は、「雑書」や仙台藩の正史「伊達治家記録《だてじかきろく》」（仙台市博物館所蔵）の記事からも十分に伝わってくる。東北の諸藩は彼らを、「公儀の目」として緊張感をもって接していたのだ。

ところで御馬買衆は、数日にわたり数多くの馬を見分し購入馬を見極めており、また盛岡藩は、懇意になった御馬買衆、そのなかでも上級旗本の諏訪部《すわべ》氏・荒木氏などに意見を求め、彼らから情報を得るなどして、幕藩関係を円滑に保っていた。

また、御馬買衆を迎え入れる負担は領民に転嫁され、道橋の修繕にもかり出されたが、街道が整備され人・物の往来が多くなって、そこに商機を見出す領民もいた。秋田藩の湯沢では、御馬買衆を迎え入れる準備として購入される肴《さかな》の値段を、申し合わせて釣り上げる魚屋の姿もあった（『佐竹南家御日記』）。御馬買衆を迎え入れる負担は大きかったが、さまざまな形で恩恵に預かってもいた事実は見逃せない。

脇馬買

東北の馬、特に南部馬を求めて馬買役人を派遣していたのは、幕府だけではなく、全国の大名や旗本も派遣していた。「雑書」では、彼らを「公儀御馬買衆」に対して、単に「馬買」「御馬買」や「脇馬買《わきうまかい》」とよび（以下は脇馬買）、盛岡藩は丁重にもてなした。

　多くの大名が、全国各地から、あるいは江戸藩邸から脇馬買を派遣していたが、例えば、「雑書」天和元年（一六八一）一一月一一日条、対馬藩宗義真《そうよしざね》の脇馬買の記事をみると、

　一、宗対馬守様御馬買竹村清左衛門儀、御当領竹村清兵衛実子に付、御城罷り上る、
　これにより殿様へ朝鮮油紙弐枚、朝鮮もさん（茂山）焼茶碗一つ、同国の筆指（差）し上げる、式
　部様へ小刀柄たすけ、おきん殿へ指櫛幷太枚筆これを揚（上）げる

とあり、馬の購入を任務としていたのだが、多くの贈物を携えてやって来ている。これはほかの脇馬買にも共通しており、馬の売買を越えて、盛岡藩が大名・旗本との懇親を深める機会にもなっていたのである。馬産地ならではの大名間交流といえよう。

　なお、義真が派遣した竹村清左衛門は、盛岡藩士竹村清兵衛の実子であるが、これは、

清兵衛が、朝鮮外交において有名な国書改ざん事件で盛岡藩に御預けとなった外交僧の規《き》伯玄方《はくげんぽう》の従弟で、玄方を慕って盛岡にやって来て、玄方が赦免されて盛岡を去った後も留まり、藩に召し抱えられたが、盛岡で生まれた清左衛門は、その後、対馬藩士の養子となって盛岡を去っていたことによる（「参考諸家系図」岩手県立図書館所蔵）。

盛岡藩を生国とする清左衛門を脇馬買として派遣し、実父に再会させたところに、義真の心遣いを感じるが、馬の選定はそうたやすいことではないので、清左衛門が馬の知識を備えていたことが前提としてあったのだろう。相馬中村藩では、御馬買衆に藩士を同行させ、馬購入の知識を習得させた後に、脇馬買として盛岡・仙台に派遣している事例もみられる（拙稿、二〇〇七ａ）。

馬愛好大名

一七世紀中期、盛岡に脇馬買を頻繁に派遣していた大名に、山形藩主松平《まつだいら》直基《なおもと》・越後村上藩主松平直矩《なおのり》父子や二本松藩主丹羽光重《にわみつしげ》、小田原藩主稲葉《いなば》正則《まさのり》、尼崎藩主青山幸利《あおやまよしとし》、松江藩主松平直政《なおまさ》などがいるが、特に直矩などは、購入した東北の馬（南部馬のほか秋田・庄内・尾花沢《おばなざわ》で購入した馬など）を酒宴の場へ牽《ひ》き出して客と「馬見物」をし、「珍しき馬」をみせて驚かせ楽しんでいる（『松平大和守日記』）。幕府老中であった稲葉正則も、南部馬・仙台馬の確保に熱心で（「永代日記」稲葉神社所蔵）、南部・

伊達両家との縁も深かった。

なお、青山幸利の孫でその跡を継いだ幸督《よしまさ》は、貞享四年（一六八七）に盛岡藩主嫡子の南部行信《ゆきのぶ》の娘を正室に迎えている。幸利の弟で旗本の幸通《ゆきみち》も、寛文三年（一六六三）の日光社参に際して、盛岡藩主南部重直《しげなお》に乗馬を「無心」しているように（もりおか歴史文化館所蔵文書）、青山家と南部家は馬の売買を越えて親密な関係を築いており、そうした縁が婚姻の基になったものと考えられる。

また、先に紹介した相馬野馬追《そうまのまおい》で知られる中村藩の藩主相馬義胤《よしたね》は、御馬買衆としても派遣されていた旗本で、父が秀忠の馬術の師を務めた荒木元政《あらきもとまさ》（荒木流）を師として馬術を研き、盛岡や仙台に脇馬買を派遣して南部馬・仙台馬を確保していた（拙稿、二〇〇七a）。大名も積極的に馬を購入していたのである。

御馬買衆を優先

脇馬買の購入馬選定は御馬買衆の後であり、将軍の「御馬」にもなる幕府公用馬を購入する御馬買衆が優先されていた。値段も、御馬買衆が購入する馬の方が高価だった。

このようなこともあった。「雑書」延宝八年（一六八〇）一一月一〇日条によると、盛岡藩士の家来の馬二頭が御馬買衆の目にとまり、「御直乞い」をして、一二両と一二両二分で購入しようとしたが、馬主は売らなかった。藩士の役馬《やくうま》も売馬として出しており、この二頭の馬も、そうして目にとまったのであるが、何らかの由緒ある馬だったのだろう。そこで御馬買衆は、在国中の藩主嫡子で接待にあたっていた南部行信の御用馬にするか、進物用の「御誂馬《おあつらえうま》」として調教するのはよいが、「脇馬買へは堅く出し申すまじき由」として、脇馬買へ売ることを堅く禁じている。ほかの大名の手に渡っては、御馬買衆の面目は潰れるし、他を圧倒すべき将軍の「御馬」の権威も揺らいでしまう。

この年、御馬買衆は、盛岡逗留中ほぼ毎日、一六日で延べ八五三頭の馬を見分し、そこから二三頭を選定して購入している。この年の仙台藩の売馬数は一八四頭（買馬頭数不明）、秋田藩の売馬数は一三五頭（買馬三頭）であったというから、盛岡藩の売馬数の多さが知られる。これだけ見分した上で御馬買衆のお眼鏡に叶った馬が「御馬」候補となるのだから、先の二頭もほかの大名へ渡ることは許されなかったのである。

奥馬の特徴

御馬買衆は南部馬だけでなく、秋田藩（横手馬）や仙台藩（仙台馬）でも馬を購入している。南部馬以外であっても東北の良馬を確保しようとしていたのであり、仙台藩などはその需要に応えるべく馬政の充実に努めていたが（鯨井、一九九〇）、その秋田・仙台両藩をはじめとする馬産地である東北の諸藩までが、全国の諸藩と同様に盛岡に脇馬買を派遣していた事実を考えると、やはり南部馬が羨望の的であったことがわかるだろう。

仙台馬については、確かに仙台藩領は馬産地で多くの名馬を生んだが、盛岡藩領に近い岩谷堂《いわやどう》（現岩手県奥州市）の馬市などから南部馬も多く流れ込んでおり、その「馬群は概して仙台馬の名称を得」て、岩沼の馬市から関東方面に流通していたという（「牧畜」）。また、多くの仙台藩領の馬喰も盛岡藩領に入り込んで南部馬を購入していた。ここに、南部馬と仙台馬のあり方に大きな違いがあった。

では、東北の馬や南部馬の特徴はどのようなものだったのだろうか。武芸の家に生まれた尾張藩士による聞き書き集の「諸家雑談」（『名古屋叢書』）には、「奥馬《おくうま》」すなわち東北の馬について、

奥馬はおとなしくて甚だよく馴れる、江戸御城の下馬に待ちて在る馬、他の馬はさまざまに動けども、奥馬は甚だ静かにして動く事なし、長けの長さも旋大也

とあり、体格が大きく、性格は穏やか、人によく馴れるとする。去勢が行われなかった江戸時代の馬は気性が荒いものも多いが、奥馬は大人しくよく馴れた。諸大名や旗本がこうした馬を実際にみているのだから、武士のあいだで東北の馬の評判が高まるのもわかる。

図９　南部馬（「盛岡藩参勤交代図巻」個人蔵）

なお、佐賀藩では、九州の馬産地である鹿児島藩の馬のほか、寛永一三年（一六三六）に「奥州駄馬」一五頭を江戸で調達し、承応三年（一六五四）には「仙台駄馬」一五頭を伊達忠宗《ただむね》から調達して国許の牧に放っており、遠く九州の地でも、東北の馬が早くから馬政の礎となっていた（『佐賀県近世史料』）。

南部馬の特徴

そうした「奥馬」のなかでも、南部馬について「東遊雑記《とうゆうざつき》」では、「南部の地は辺鄙ながら馬のすばらしさには皆々驚くばかりで、毎日数百頭の馬をみるが、見苦しい馬をみることはない。どの馬をみても、一頭ほしいものだ、と思わない者はいない。東海道中筋の馬とは異なり、何頭かを一緒に置いていても、暴れたり噛み合うことはなく、乗り心地よく、人に噛みつくこともない。南部を産地とする馬をして海内《かいだい》第一と称することはもっともなことだ」と評している。単にブランドとしてだけでなく、軍馬・乗用馬として実際の利用に適した馬であったことがわかる。

また、尾張藩では、寛文期（一六六一〜七三）に木曽地方の「産馬体格性質不良」を改善するため、盛岡藩に脇馬買を派遣して牝馬《ひんば》三〇頭を購入し、品種改良に努めていたといい（『西筑摩郡誌』）、実際に「雑書」の寛文二年（一六六二）には、「尾張様御馬買」の来訪が記録されている。東北では三春《みはる》駒で知られる三春藩や新庄藩も南部馬を購入していた（『日本馬政史』）。南部馬は品種改良用の繁殖馬としても、各藩から需要があったのである。

ちなみに、明治時代のことだが、東北地方に中央種畜場を設置する候補地として宮城県が名乗りを挙げた際、仙台馬と南部馬を次のように比較している（「牧畜」）。

青森・岩手ノ産馬ハ骨太ク力強ク能ク労役ノ久シキニ堪ユルノ長所アルモ、挙動軽快ナラズ、感覚遅鈍ナルノ欠点ナキニアラズ、之ニ反シ我県ノ産馬ハ其世間一般ノ需要上ニ於テハ或ハ之ニ及バザル事実アルハ体格狭小ニシテ力量亦《ま》タ彼ニ及バザル所アルニ由ルベシト雖、性質ノ順良ニシテ挙動軽快、感覚敏捷、ヨク訓練シ易キノ長所アルハ人ノ普《あまね》ク許ス処ナリ

宮城県の中央種畜場誘致実現への懸命さがわかる史料で、あれこれ言葉を選んで苦慮しながら役人が書いたと思うとおかしさも感じられるが、ここで示されているように、体格がよく力もあり、厳しい労働に耐える南部馬は、後に詳しく紹介するが、江戸時代には農

年号	盛岡藩	仙台藩	秋田藩	将軍
1709	7	8	0	家宣
1710	7	8	0	
(正徳)1711	7	—	0	
1712	7	8	0	家継
1713	7	8	0	
1714	7	8	0	
1715	7	8	0	
(享保)1716	12	13	0	吉宗
1717	12	10	0	
1718	12	10	0	
1719	15	15	0	
1720	15	15	0	
1721	15	15	0	
1722	15	15	0	
1723	—	—	0	
1724	13	13	0	
1725	—	17	0	
1726	19	—	0	
1727	16	8	0	
1728	16	7	0	
1729	7	3	0	
1730	2	4	0	
1731	3	2	0	
1732	3	1	0	
1733	2	3	0	
1734	5	2	0	
1735	2	2	0	
(元文)1736	—	1	0	
1737	5	3	0	
1738	1	4	0	
1739	4	4	0	
1740	5	6	0	
(寛保)1741	6	1	0	

年号	盛岡藩	盛岡藩	秋田藩	将軍
1742	5	5	0	吉宗
1743	5	3	0	
総計	1185	314	89	

註1：「—」は，購入馬数が不明であることを示す．

註2：元禄3年までは公儀御馬買衆派遣，享保4年までは公儀御買馬，享保7年までは御用御馬，享保8年以降は馬喰馬による購入頭数．

表　幕府による東北諸藩からの購入馬の頭数

年号	盛岡藩	仙台藩	秋田藩	将軍
(寛永)1643	—	—	—	家光
(正保)1644	—	—	—	
1645	—	—	—	
1646	58	—	—	
1647	—	—	—	
(慶安)1648	7	—	—	
1649	74	—	—	
1650	81	—	—	
1651	18	—	—	家綱
(承応)1652	20	—	—	
1653	24	—	10	
1654	—	—	—	
(明暦)1655	—	—	—	
1656	—	—	—	
1657	—	—	—	
(万治)1658	15	—	10	
1659	18	—	—	
1660	15	—	5	
(寛文)1661	13	—	—	
1662	26	—	—	
1663	17	—	—	
1664	23	—	—	
1665	18	—	—	
1666	16	—	—	
1667	17	—	—	
1668	16	—	—	
1669	15	—	—	
1670	—	—	3	
1671	12	—	5	
1672	20	—	3	
(延宝)1673	16	—	5	
1674	17	—	—	
1675	16	—	5	
1676	21	—	—	
1677	18	—	—	
1678	22	—	5	
1679	18	—	9	
1680	23	—	3	綱吉
(天和)1681	—	—	2	
1682	24	—	5	
1683	20	—	5	
(貞享)1684	—	—	5	
1685	21	—	2	
1686	18	—	3	
1687	20	—	1	
(元禄)1688	13	6	1	
1689	—	—	1	
1690	8	—	1	
1691	8	8	0	
1692	8	—	0	
1693	8	7	0	
1694	—	8	0	
1695	7	—	0	
1696	7	8	0	
1697	7	8	0	
1698	7	—	0	
1699	7	8	0	
1700	8	7	0	
1701	7	8	0	
1702	7	—	0	
1703	7	—	0	
(宝永)1704	7	—	0	
1705	7	—	0	
1706	7	—	0	
1707	7	8	0	
1708	7	8	0	

馬としても高く評価されていた。

泰平の世の武士と馬

徳川家光政権末期の正保・慶安期（一六四四～五二）に、御馬買衆は盛岡で一年に五〇～八〇頭を越える馬を購入しており、正保～承応年間（一六四四～五五）には、約三〇の大名家から盛岡に脇馬買が派遣されていたが、家綱政権期には御馬買衆の購入頭数が一〇～二〇頭台となり、綱吉政権の元禄期には一桁台の購入になって、元禄四年（一六九二）以降、ついに東北への御馬買衆の派遣は廃止された。諸藩が派遣していた脇馬買も、天和期（一六八一～八四）以降、その数は減少していた。

その間、馬に求められるものも変わっていた。慶長一八年（一六一三）頃の細川忠興書状に、「よき馬」として、「馬のもやう（模様）は少しわるく候共、すぐれたるはや馬か、さなくば達者ものか」と記されているように（『細川家史料』）、軍事的緊張がなお支配した江戸時代初期には、見た目よりも実用が重視され、「はや馬」が「よき馬」とされており、戦場で活躍する軍馬が求められたが、元和偃武《げんなえんぶ》以降は、泰平の世が到来したなかで、拵馬が流行して馬が愛玩動物化しており、「見せる馬」がもてはやされるようにもなっていた。そして、一七世紀後期には、泰平の世が確固たるものとなるなかで、武家のあいだで馬所有熱もしだいに後退した。御馬買衆の購入頭数の減少と脇馬買の来訪減少がそれを物語っていよう。

こうしたなかにあって、幕府は御馬買衆の派遣を廃止しているのだが、購入方法を変えながら、南部馬と仙台馬を幕末まで購入し続けている。武家の頂点たる将軍が所有する馬は、やはり中世以来の伝統に裏打ちされた東北の馬である必要があったのである。

では、御馬買衆の派遣廃止後の将軍は、どのように「御馬」を確保していたのだろうか。また、将軍と馬との関係はどのようなものだったのか、次にみていくことにしよう。

将軍綱吉・吉宗と馬

馬を保護した将軍綱吉

綱吉・吉宗と馬

動物から江戸時代を描く研究の蓄積が厚みを増している。一九七〇年代以降、近世史研究において、鷹狩・鷹場・鷹をめぐる儀礼など、鷹に注目して江戸時代にアプローチする研究がすすみ、さらに、従来「悪法」としてのみ評価されてきた生類憐みの令に関しても再評価が試みられ、研究の幅が大きく広がった。同時に、生類憐みの令を出した五代将軍綱吉とその政権期、鷹狩を再興するなどして武威の高揚をはかり、鷹狩や鷹場支配をとおして関東地域の再編をすすめた八代将軍吉宗とその政権期の解明もすすんでいる。

綱吉の生類憐みの令は、犬愛護の政策として語られることが多いが、馬に関する法令として、馬の筋を切るなどして見た目をよくする行為を「不仁《ふじん》」として禁じた拵馬《こしらえうま》禁令、労働に耐えない病馬・老馬などを野山へ遺棄することを禁じた捨馬禁令、馬の首毛を焼く行為が流行っていたがそれを禁じた首毛ふり禁令などがあり、馬の保護に関する法令は、綱吉政権の成立当初からその終焉まで一貫して触れられていた（根崎、二〇〇六）。

また、吉宗の鷹をめぐる一連の政策は研究蓄積を厚くしているが、享保期（一七一六〜三六）の幕府牧や洋馬の輸入による軍馬養成確保体制の構築など、当該政権の馬政《ばせい》に注目した研究もみられる。

このように、綱吉と吉宗は特に馬と深い関係をもつ将軍であり、彼らが将軍であった時期は、御馬買衆の派遣が廃止されたり、幕府の購入馬数に大きな変化がみられたりするなど、幕府公用馬の購入方法にも変更がみられる。そこで、当該期の政権と馬、特に南部馬とのかかわりを中心にみていくことにしよう。

綱吉の代替わりと馬

延宝八年（一六八〇）五月に四代将軍徳川家綱が没し、七月に二の丸から本丸へ移った綱吉は、八月に将軍宣下をへて五代将軍となった。これまで綱吉の代替わりにおいて注目されていないが、七月一九日の仙台藩主伊達宗村《むねむら》自筆の「中渡書案」（『伊達家文書』）によると、

図10　徳川綱吉（法隆寺所蔵）

当年も弥《いよいよ》御馬買衆御下向たるべく候、それにつき、前筋・後筋のべの馬、又は尾など拵え候馬、御意に応ぜざる御沙汰に候、左候えば、召し上げられずにてこれ有るべきか、必ず以て右の通り拵えるべからざる由、急度申し付けらるべき旨、御意により、三日の御飛脚を以て申し達し候

とある。当年の御馬買衆下向を前に、拵馬を綱吉が好まないという「御沙汰」が幕府から伝えられ、さらに、売馬について拵えることがないよう、宗村の意向が仙台に伝えられている。

これとほぼ同じ内容は、『日本馬政史』のなかの「仙台馬養録」の記事にみられ、また、『会津藩家世実紀』には、同年八月一一日として、

毎年諸国より出候駒、筋を延べ繕い候事、向後御停止の旨、公儀にて仰せ出され、其の筋々へ仰せ聞けられ候間、（中略）会津立の駒、筋繕い候儀、堅く停止申し付くべき旨、これを仰せ出さる

という記事が収録されており、さらに、『徳川実紀』の同年閏八月条にも「また馬の筋を

切る事をとどめらる」とみえることが、延宝八年の拵馬禁令に注目する根崎光男氏によって紹介されている（根崎、二〇〇六）。

ここであえて伊達宗村自筆の「申渡書案」を紹介したのは、「当年も弥御馬買衆御下向」という文言が、この年の拵馬禁令にとって重要な点だからであり、「仙台馬養録」の記事では省略されているからである。この年の御馬買衆派遣は、綱吉の「御馬」にもなる幕府公用馬を選定・購入する初の派遣となるわけで、まさに代替わりの特別な派遣であった。

延宝八年拵馬禁令は、将軍宣下前のものではあるが、府中への御馬買衆派遣について指示が出されたのが七月二三日であるから（『徳川実紀』）、それを前に綱吉の意向として、幕府に馬を献上したり、幕府が馬を買い上げたりする「諸国」「筋々」へ拵馬禁令が伝えられたのである。将軍の代替わりが、動物である馬によっても知らしめられることになった。

なお、東北へ派遣される御馬買衆に暇が出されたのは、九月一六日のことであった（『徳川実紀』）。七月から閏八月に拵馬禁令が出されたのは、そうした事情によった。

拵馬禁令の意図

では、なぜ綱吉は拵馬を好まないという意向を示し、拵馬禁令が出されたのだろうか。生類憐みの令のひとつで、拵馬禁令として知られるのは、貞享二年（一六八五）九月の馬の筋のべ候儀、第一用方に宜《よろ》しからず、其の上不仁成る儀に付いて、御厩に立候御馬共、先年より御停止仰せ付けられ候えども、今以て世上にては拵馬これ有る由候、向後堅く御制禁仰せ出さるもの也

である（『御触書寛保集成』）。つまり、「筋延べ」した馬は第一に実用に不向きで、しかも「不仁」であるとされている。

元和元年（一六一五）の大坂夏の陣で豊臣氏が滅び、元和偃武《げんなえんぶ》が実現すると、大谷貞夫氏が紹介する寛永二年（一六二五）の加藤孫兵衛書状では、江戸の馬は拵馬が多く、四〇〜五〇里（一六〇〜二〇〇キロ）乗ると草臥《くたび》れて来年の将軍上洛には使えないので、「かんちやう（頑丈）」な馬がほしい、と述べているように（大谷、一九九九）、頑丈であることよりも「歩調の華麗を賞する」（『日本馬術史』）傾向が強まって拵馬が流行ったが、それは、実用には不向きな馬にすることでもあった。泰平の世の持続は、一層拵馬の需要を高めた。

そして貞享二年拵馬禁令では、「用方に無益」（『会津藩家世実紀』）なだけでなく、人間の都合で馬の筋を切るなど「拵える」「繕う」行為は「不仁」と指摘する。代替わりに際して、綱吉が拵馬を好まない意向を示した背景にも、こうした思いがあったのだろう。

延宝八年（一六八〇）禁令は、代替わりに際して綱吉の意向が示され、「御厩に立候御馬

共」にかかわる範囲ながら、搾馬を禁じようとした点で重要な意義を持ち、政権発足当初から生類憐みの令発令の予兆を感じさせるのだが（これをもって生類憐みの令とみなしているのではない）、貞享二年禁令は、生類憐み政策が本格的に展開される時期のもので、「御馬」だけでなく「世上」の「馬」について、鹿児島藩から琉球国に通達されたほど、全国に向けて強く命じられており（深井、二〇一二）、さらに「不仁」という文言で「搾える」「繕う」行為を非難していることからしても（つまりは、不仁を改め仁心の涵養を求めていることからしても）、生類憐みの令のひとつと位置づけられよう。

盛岡藩の搾馬禁令と搾馬のその後

それでは、南部馬の産地、盛岡藩はどのように対応していたのだろうか。実は、「雑書」寛文三年（一六六三）九月二一日条には、「先年仰せ出され候通り、馬苦労馬共、尾筋・前筋延べる儀、弥法度に仰せ付けられ候」とあり、「先年」という文言からして、以前から搾馬禁令を出していたことがわかる。また、綱吉の意向が反映された延宝八年（一六八〇）禁令についてみると、「雑書」同年八月二〇日条には、「毎年仰せ出され候通り、馬町へ相出し候三歳の分、後前尾筋延べ申すまじく候、札を立て申すべき旨、若殿様御意候由」とあって、毎年のこととして出されていた。

南部馬は、実用が重視されたようだが、毎年繰り返し拵馬禁令が出されていることからすると、流行していた筋延べを押さえ込むのに苦労していたというのが実態だろう。そして注目すべきは、江戸にいた「若殿様」である南部行信《ゆきのぶ》の「御意」として、「札を立て」て禁令の周知徹底をはかろうとしている点であり、ここに延宝八年禁令の影響がうかがえよう。貞享二年（一六八五）禁令については、当然ながら幕府令の条文が所々に触れられた。

ちなみに、拵馬のその後だが、幕末の安政二年（一八五五）四月に、幕府が改めて「筋延べ」禁令を出しているが（『幕末御触書集成』）、その際の理由は、拵馬が多いと聞くが、「武備」において「馬飼立」は「要用」だから「実用第一」とするようにとされている。二年前に黒船が来航し、対外的危機が高まるなかでは、貞享禁令以上に「実用第一」が切実に求められたのだろう。一方で、拵馬の習慣は幕末まで続いていたのである。

生類憐みの令とその前提

ところで、従来、生類憐みの令については、暴君の将軍綱吉が出した、民衆を苦しめる極端な動物愛護の悪法という評価がなされてきた。しかし、近年は、犬や馬などの動物ばかりでなく、捨子・捨病人禁令など人を含む生類の生命を大切にすることを民衆に求め、慈悲の志と仁心を涵養することを目的とした法令で、簡単に動物を斬り殺すような殺伐とした気風を払拭し、泰平の世にふさわしい秩序をもたらそうとするものであったと評価されている（塚本、一九八三／高埜、一九九二／山室、一九九八）。また、綱吉の死後、そのすべてが悪法として撤回されたのではなく、捨馬・捨子・捨病人禁令など、後代にも引き継がれた法令が多かったことも、あわせて評価されている。

この生類憐みの令の初発を何に求めるかは、諸説あって一致した見解はみられない。ただ、生類憐みの令の初発の法令を重視して探していると、重要な視点を見逃す恐れがある。それは、政策が展開される素地が、綱吉政権以前にすでに準備されていたという点である。

人を殺すこと、人が死ぬことを厭う政治が、家綱政権のめざした「御救い」の政治であり、これをいびつに発展させたところに、人間の死のみならず生類すべての死や死の穢れを厭う綱吉の生類憐み政策が展開した、という福田千鶴氏の指摘に注目したい（福田、二〇〇〇）。家綱政権期には、仁政の実現をめざし、慈悲の政治を積極的に展開した池田光《いけだみつ》政《まさ》のような大名も現れはじめていた。

先に紹介した延宝八年（一六八〇）捹馬禁令にみたように、綱吉政権は発足当初から、生類憐み政策を展開する要素をはらんでいたのであり、また、世の必要から生まれたものでもあった（塚本、二〇〇一）。そう考えると歴史的必然の上に生類憐みの令は展開するのだが、時に将軍綱吉個人の性格も強く影響しながら、綱吉政権期に生じていた諸問題への対応として全国展開させたところに、綱吉政権独自の政策としての意義があるといえよう。

生類憐みの先取り？

生類憐みの令が本格的に展開するのは貞享年間であるが、同二年（一六八五）三月、幕府は、道中荷物貫目《かんめ》の触れを出しており（『御触書寛保集成』）、盛岡藩には、四月になって書付が渡され、五月八日にその写が届いた。その内容は、

道中宿々往還の面々荷物の貫目、御定より頃日少々重きもこれ有りて、一駄荷《いちだに》・乗掛《のりかけ》（軽）ともによめ馬これを出し、歩行持ちの荷物も重く候故、人足も増しを出し、且つ又から尻馬の荷物も多く迷惑の由、其の聞こえこれ在り候間、御定の貫目より重からざるやうに拙者方（高木伊勢守）より何れもへ弥相触れるべきの旨、御老中仰せ渡され候

＊一駄荷＝一頭の馬が四〇貫目までの荷物を運ぶ　乗掛＝一頭の馬が人と二〇貫目までの荷物を運ぶ　軽尻《からじり》＝一頭の馬が人を乗せて運ぶ、五貫目までの荷物であれば一緒に運べる

というものであった。これに対して盛岡藩主南部重信《しげのぶ》は、「江戸伝馬御制札に壱駄貫目四拾貫目とこれ有り候え共、御領分中御札には三拾八貫目と未だ御定め置かれ候、兎角《とかく》四拾

貫目と三拾八貫目の間に目形積もり候て、江戸への御荷物等指し登せ候様にと御意」を示している（「雑書」同年五月八日条）。

つまり、街道往来の者たちが、幕府の定める限度を越えた重い荷物を馬に載せた上に、「よめ馬」（夜目馬、夜に馬を走らせること）を出させるなど、道中宿々の「迷惑」（負担）となっている状況を改めさせようとする法令である。重い荷物は馬にとって負担となり、酷使された馬は労働に耐えることができなくなるから、新たな馬を調達しなければならない。馬にとっても宿場にとっても「迷惑」なことだった。

根崎光男氏は、過重労働を強いられる駄馬への憐愍《れんびん》の情も内在していたにちがいないと指摘し（根崎、二〇〇六）、生類憐みの令の要素をも含む法令として扱っているが、幕府よりも軽い一駄荷三八貫目（一四二・五キログラム）を限度に設定していた盛岡藩では、江戸に送る荷物について、江戸基準の四〇貫目（一五〇キログラム）と盛岡基準の三八貫目の間の目方にすることとしたのである。

盛岡藩において、幕府より早くから拵馬を禁止し、荷物においても馬の負担が軽かったのは、馬の特性に熟知した馬産地ならではの馬の扱い、馬への配慮で、馬に対する情に限っていえば、生類憐みの令を先取りしていたということだろうか。

実は、道中荷物貫目の触れが出された貞享二年（一六八五）の一二月三日、幕府老中阿部正武《あべまさたけ》に盛岡藩の留守居《るすい》がよび出され、「奥州御馬買、例年遣わさるる時分より来年は一ヶ月早く遣わさるべく候」と伝えられ、馬市の準備もそのように心がけるよう命じられた。なぜそうするのか詳しい理由は記されていないが、確かに貞享二年と翌三年を比べると、御馬買衆が盛岡に到着する日、盛岡を出立する日が、ほぼ一ヵ月ずつ早くなっている（「雑書」／「秘記」岩手県立図書館所蔵）。

御馬買衆の派遣早める

少し後の元禄四年（一六九一）、幕府馬方の諏訪部成定《すわべなりさだ》は、仙台藩が江戸に運ぶ馬について、「霜月末抔に成り候えば寒風に罷り成り道中も馬の為にも宜しからず候間、早き方然るべし」（「伊達治家記録《だてじかきろく》」）と伝えていることを考えると、貞享三年に御馬買衆の盛岡来訪が一〇月から九月に、出立が一一月から一〇月に「一ヶ月早く」なったのは、寒風・雪対策であり、盛岡藩では雪踏人足を用意して御馬買衆を迎えてもいたから、道中の「御馬」の保護のためであったとみてよい。生類憐みの令と軌を一にする指令で、御馬買衆派遣にも影響が及んでいたのだった。

このように、生類憐み政策が展開するなか、東北への御馬買衆の派遣は元禄三年（一六九〇）まで続けられてきたが、盛岡藩の江戸藩邸執務日記（原本所在不明）の抜粋記事が収録されている「秘記」の元禄四年四月三日条によると、幕府老中大久保《おおくぼ》忠朝《ただとも》から盛岡・仙台両藩の江戸留守居役に派遣を廃止する旨が伝えられ、今後は「御馬買時分のごとく御買馬」を吟味し、「歳・毛・性」を目録にしたためて幕府の若年寄まで提出するように求められている。つまり幕府は、盛岡・仙台両藩の役人が見分した馬を記した目録から購入馬を選定し、江戸へ運ばせて購入することにしたのである。この購入方法は、「御馬買」から「御買馬」と称されるようになった。

幕府公用馬購入策の転換

ちなみに、なぜこの段階で秋田藩が馬の購入先からはずされたのか、今後検討しなければならないが、これまで幕府御用馬の恒常的な購入先として期待されていた盛岡・仙台・秋田の三藩であったが、以降は盛岡・仙台両藩がその役割を担っていくことになった。

御馬買衆派遣廃止の背景

こうした購入方法の変化には、さまざまな背景が考えられるが、ひとつには、武威・武芸を象徴する馬の価値・重要性が、確固たる平和が持続する武家社会において後退し、需要が減少してきたことが挙げられよう。

脇馬買の派遣も時の経過とともに減少していた。

加えて、御馬買衆を派遣する側と迎え入れる側双方の労力・経費両面の負担軽減を狙ったものとも考えられよう（渡辺、一九八五）。幕府・藩ともに財政に余裕がなくなってくると、多くの馬を飼育・管理していくことは困難であった。そもそも、城下町（都市）に住む江戸時代の武士にとって、飼料を確保するのも大変で、大量の大豆や糠《ぬか》などが必要であった。武士そのものの象徴であるはずの馬は、江戸時代の武士とは近くて遠い存在になりつつあった。

このような時勢のなか、先述のように、御馬買衆が東北諸藩の情報収集を暗黙の任務としていたとするならば、幕府と大名の関係が安定して久しいこの時期、わざわざ旗本二人を毎年派遣する積極的価値も薄れたのだろう。

いずれにせよ、派遣廃止の前年から幕府の購入馬数が減少し、毎年七～八頭に固定されて形式的な購入へと変化しているが（三四～三五頁の表参照）、これは、いま述べた理由などから、幕府が購入馬数を必要最小限にとどめた結果とも考えられる。

なお、東北諸藩への御馬買衆の派遣は廃止されるが、脇馬買の派遣は禁止されず、また、府中の馬市へは、享保七年（一七二二）に御馬買衆の派遣が廃止されるまで続けられているが、それは、府中への派遣は距離的に近く、その派遣の由来が、家康以来の吉例であることが重視されたからだろう。

生類憐みの令の影響

御馬買衆の派遣廃止について、生類憐みの令の影響を指摘する根崎光男氏は、生類憐み政策が徹底していくなかで、買い上げ方法を変更せざるをえなかったとして、幕府にとってみれば、御用馬は必要なものであり、かといってその入手に奔走する姿をみせるわけにもいかなかったとする（根崎、二〇〇六）。首肯される見解であろう。

その影響であろう、「雑書」元禄一三年（一七〇〇）一〇月一九日条によると、大老を辞したばかりの彦根藩主井伊直興《いいなおおき》は、盛岡藩に脇馬買を派遣しているが、そこには、「公儀へ御遠慮成され候に付、御隠密にて御下し成さる故、道具をも持たせ申さず罷り下り候由、これにより御樽肴《たるざかな》も遣わされず」とあり、幕府に憚って「隠密」に派遣されていた。

幕府が自重しているなかで大名が、しかも大老を務めた直興が、南部馬の入手に奔走する姿を、道具を持った行列を組んだ脇馬買という形で堂々と、世間にみせるわけにはいかなかったのである。

派遣廃止後の馬の購入

御馬買衆の派遣廃止後、幕府が購入する馬については、盛岡・仙台両藩の役人がそれぞれ見分して選定した五〇〜六〇頭を目録にしたためて幕府へ提出し、そのなかから選ばれるのだが、その馬は、乗り馴らした馬であること、毛色の種類、形が良くなくとも乗り心地の良い馬であること、などの条件が付されていた（「雑書」元禄四年〈一六九一〉四月一四日条）。拵馬を禁止しているなかで、馬の容姿に「美しさ」を求める条件は明示できなかったのだろう。なお、盛岡藩が見分する馬には、寛文四年（一六六四）に盛岡藩領のうち二万石が分割されて創設された八戸《はちのへ》藩の馬も含まれていた。

幕府は購入馬を決定すると、購入馬とともに予備の馬をしたためた注文書を盛岡・仙台両藩へ届け、これらの馬を江戸へ運ばせて購入したのである。江戸までの道中の宿駅へは、馬飼料や人足入用などについて、滞りなく差し出すよう幕府から求められていた（「雑書」）。

こうした購入方法は、綱吉・家宣・家継、そして、吉宗の享保四年（一七一九）まで続く。特に家宣・家継政権期は、綱吉政権期と同じく鷹狩・日光社参を行わなかったように、「武威」によらず「儀礼」による秩序で将軍権威を高めることに努めていたから（高埜、一九九二）、「御馬」の購入頭数を増加させる必要がなかったのだろう。

御馬の値段

ところで、「御馬」の値段はいくらしたのだろうか。幕府による盛岡藩からの馬の購入価格だが、正徳四年（一七一四）の例では七頭で合計七四両、一頭あたり九両二分〜一二両であったが（「御在府留」もりおか歴史文化館所蔵）、仙台藩からの馬の購入価格は、「獅山公治家記録《しざんこうじかきろく》」（仙台市博物館所蔵）同年一二月二三日条によると、八頭で合計二一〇両であり、一頭あたり約二六両であった。

享保四年（一七一九）の例では、府中馬市（五頭購入）と仙台藩（一五頭購入）からの購入価格は一頭約二五両、盛岡藩（一五頭購入）からの購入価格は一頭約一〇両であったという（「雑書」享保四年一一月朔日条）。南部馬が府中・仙台の馬よりも低価なのは、馬の質によるものではなく、相場の違いによるものだろう。

生類憐みの令の撤回

綱吉が亡くなる前年の宝永五年（一七〇八）八月、馬の首毛ふり禁令が出されている。この禁令が江戸で厳しく詮議されていることから、盛岡藩では、翌年一月七日に改めて領内に触れているが、同月一〇日に綱吉が亡くなり、さらに、幕府が「馬のいたみにも罷りならざる事」として禁令を解いたので、一ヵ月もたたない二月三日、領内に解禁を触れている（「雑書」）。最終的に馬の「いたみ」にならないことまで厳しく取り締まるなど、民衆に迷惑をかけた生類憐みの令は、家宣がまだ将軍宣下を終えていない一月二〇日には早速撤回された（『徳川実紀』）。

綱吉は、代替わりに拵馬禁令を出し、晩年の宝永五年九、一〇月になっても、馬の扱いが「疎慢」として幕臣を閉門にし、酒に酔って馬を疵《きず》付けたとして徒士を「追放」「暇」に処すなど（『徳川実紀』）、生類憐みの令を緩めることはなかったが、終焉を迎えると、馬の首毛ふり禁令はもちろん、生類憐みの令も撤回されている。

馬にはじまり馬に終わった政権ともいえるが、次の六代将軍家宣は、生類憐みの令を撤回することで善政を示し、新政権への移行を知らしめ、民衆の期待を高めたのであった。家宣の時もまた、動物の扱いの変化が、民衆に代替わりを知らしめることになった。

生類憐みの令のその後だが、八代将軍吉宗期の幕府編纂による法令集である『御触書寛保集成』では、撤回されたことにより、一部を除き削除されるなどして、収録されることはなかった（藤井、一九九二）。「悪法」とみなされたことにもよろう。ただし、先にも述べたように、後代にも引き継がれた法令がある点については、積極的に評価されなければならないだろう。

馬を好み活用した将軍吉宗

吉宗の登場と御馬

御馬買衆の派遣廃止から正徳年間（一七一一～一六）までの、幕府による盛岡・仙台両藩からの購入馬数をみると毎年七～八頭であったが、享保元年（一七一六）から同一三年（一七二八）まで、その数は約二倍に増加している（三四～三五頁の表参照）。これはやはり、綱吉の治世に行われなくなった鷹狩や日光社参を再開するなど、武威の高揚と将軍権力の強化をはかった吉宗の将軍就任が契機とみてよい。正徳六年（享保元年）四月に七代将軍家継がわずか七歳で没し、その翌月、御三家のひとつで和歌山藩主であった吉宗が将軍に就いた。

享保元年と同四年（一七一九）には、購入馬数を増加する旨が幕府から盛岡藩あるいは

図11　徳川吉宗（徳川記念財団所蔵）

仙台藩に伝達されており、実際に増加した。また、例年の幕府への献上馬については、「雑書」正徳六年五月二三日条に、「御代替、御馬御数寄遊ばされ候間、御馬随分吟味を遂げ数多下見致すべし」とみえる。吉宗が馬好きで、馬術にも長けていたことは有名だが、将軍就任当初から「御馬」を活用しようとしていたことがわかる。綱吉の時もそうであったが、吉宗の時も、馬の変化が代替わりを知らしめることになった。以下に、その変化を詳しく紹介しよう。

大柄な吉宗、大柄な馬を求める

吉宗は早速、幕府の馬政強化に着手したようで、享保元年（一七一六）七月には、「公儀御馬責御不足」ということで、盛岡藩士の岡田六郎が幕府馬責《うまぜめ》に召し抱えられている（「雑書」）。購入する馬にも変化があり、同二年には、大柄の馬を購入する旨が仙台藩に伝えられている。「御馬」といっても歴代将軍によって好みはあるが、一八〇センチを越える体格の持ち主であった吉宗に似合いの馬は、やはり大柄の馬だったのだろう。

これを受けて仙台藩では、「三寸以上」の馬を探しているが（『日本馬政史』）、馬は「四尺」（約一二一センチ）を基準とするから、四尺三寸（約一三〇センチ）以上の馬ということになる。享保一〇年（一七二五）には、「七寸」（四尺七寸＝約一四二センチ）の「大長成る馬」の「福岡」が、盛岡藩から幕府牧の「父馬」として献上されている（「雑書」八月二〇日条）。

現在、馬といえばサラブレッドの姿を想像するだろう。時代劇で使われる馬もそうであるから、一六〇センチほどの長身の馬を想像しがちだが（吉宗が輸入した洋馬はおもに四尺七〜八寸、当時の洋馬の平均は約一五〇センチ）、日本の在来馬は小柄だった。もっとも、江戸時代の人の身長も男性で平均が一六〇センチを越えない小柄な体格であったから、人馬ともにサイズがマッチしていたといえよう。

また、購入する馬の年齢にも変化があった。享保四年（一七一九）には幕府が盛岡藩に対して、「只今迄駒ばかり吟味仕り候え共、向後は五、六歳をおもに吟味」するよう指示しているように（「雑書」）、二歳駒を購入して調教するのではなく、調教されていてすぐに利用できる馬を購入するようにもなった。馬の年齢を四倍すればおよそ人間の年齢に相当するから、馬の五〜六歳は、まさに繁殖能力も備えた壮馬であった。幕府の馬政を早くに充実させようとする意図があったのだろう。

御馬の購入方法の変化

享保年間（一七一六〜三六）には、馬の購入方法にも変化があった。「雑書」享保五年（一七二〇）九月二六日条によると、「御買馬の儀、向後御用御馬と唱」えるよう幕府から指示があり、「御馬御伺目録」の提出も「無用」とされ、以降は、幕府が示した選定基準にそって盛岡・仙台両藩の役人が購入馬を選定した。その基準だが、

一、五歳、六歳、或いは四歳、三歳の駒を交えて選びなさい、能く調えた馬であれば、「歳古く」ても構わないので選ぶように

一、芦毛《あしげ》は御用に立たない、佐目《さめ》・粕毛《かすげ》・駁《ぶち》は特に良い馬であれば選び、駁については模様が良い馬であれば選びなさい

一、おとなしい馬で、頑丈な馬は、馬の形に構わず選びなさい

一、毛疵については、見苦しいものは除きなさい、それほどでもなければ選びなさい

とある。

また、その翌年から盛岡藩では、馬の選定にあたって、「笠・車・しない（撓い、指《さし》物《もの》）・毛氈《もうせん》（鞍掛）・鉄炮」などを使っており、鉄砲を撃って暴れるかどうか試すなどしている（「雑書」）。「用方に無益」な拵馬ではなく、実用に耐えうる物怖じしない頑丈な馬が

図12　馬市（「江戸名所図会」国立公文書館所蔵）

好まれたことがわかるだろう。そして、この基準にあわせて、江戸まで馬に付き添う役人の数を減少するよう指示も出されているが、幕府の倹約の姿勢がみてとれよう。

さらに、享保八年（一七二三）には、盛岡・仙台両藩領内の馬喰《ばくろう》が役人とともに江戸に馬（「馬喰馬」）を牽《ひ》きのぼり、そのなかから幕府の役人が馬を選定し、購入する仕組みへと替わった。幕府が購入した馬は、「馬喰馬」から権威を帯びた「御馬」へと変化することになる。

この馬喰馬購入の仕組みが幕末まで続くのだが、文久二年（一八六二）頃は、「奥州南部より年に百弐三十疋、仙台より七八十疋来る、十月中に牽き来る馬は、南部を第一とす」と史料にみられるような頭数が江戸に牽き連れられ、幕府・御三家・諸大名の順で買い上げられた。金額は、幕府・御三家は一頭三〇〜三五両で、享保八年以降固定されており、大名は勝手次第なので、なかには一頭「七八十両、百両」での買い上げもあったという（「諸家雑談」）。

馬の藩として

こうしたことからもわかるように、盛岡藩と仙台藩は、「公儀」の「御馬」にとどまらず、広く武家社会に良馬を供給する役割を期待されており、馬の質が劣ると幕府から指摘され改善を求められたから、馬政の充実は、伝統的な馬産地をその領内にもつ両藩にとっては役負担と同様であり、その期待に応えるように努めていた。

そして、両藩領産の馬が馬喰馬として二〇〇頭を越える数が江戸にやって来ており、しかも、この両藩の江戸藩邸には、召馬・献上馬・役馬《やくうま》など、五〇〜一〇〇頭ほどの馬がいたというから、まさに江戸の民衆や大名・旗本たちには、盛岡・仙台両藩が「馬の藩」として強く印象付けられていたことだろう。

武威の発揚に馬を活用

泰平の世が持続し、実用に不向きな拵馬が流行するなど、武士が武備を怠るような状況にあって、吉宗が将軍に就任すると、鷹狩を再開し、馬を積極的に購入したように、鷹と馬を利用して、武威の発揚に努めていくことになった。なお、吉宗は、和歌山藩主であった宝永六年（一七〇九）に盛岡藩へ「駄馬」（牝馬《ひんば》）三頭を「所望」しており、また、正徳三年（一七一三）に盛岡へ脇馬買を派遣していた事実は興味深い（「雑書」）。吉宗は、将軍就任前から南部馬の有用性に注目していたからこそ、将軍就任直後から、幕政においても馬を有効に活用できたのである。

しかも、吉宗は、武威を示すために、「拵馬」とは対極の「野馬《のま》」（牧の馬）を好み、その飼育についても盛岡藩に意向を伝えていた。享保四年（一七一九）、盛岡藩は幕府から、吉宗の意向として、牧の馬を三歳まで、冬も牧から引き上げる「野取《のどり》」をせず、放ったままの「置付」にしてほしいと内々（「御内証」）に伝えられた。下北半島北部の大間野《おおまの》と奥戸野《おこつべの》の両牧は、「山沢柴笹立草生い能く喰い、水等」もあって「冬立能」い場所であり、以前にもそのような飼育方法が採用されていたので、馬方役人も問題ないとして実践に移している（「雑書」）。牧に「置付」にした馬は、「年々次第に荒く」なったというから、まさに「拵馬」とは対極の野性味ある馬で、これを調教し乗りこなせば武威を示すことにつながっただろう。

しかし、実際には大雪だったり（享保六年〈一七二一〉）、狼による被害にあったりして（同一〇年）、困難な飼育方法であった。それでも以前は臨機応変に対応できたが、吉宗の意向とあっては「御大切の御野馬」を勝手に「野取」することができず、大雪の時は干草などで飢えを凌《しの》がせて指示を待ち、吉宗の許可を得て「野取」し、春に「野放《のばなし》」することになった。

狼による被害の時は、さすがに幕府に「前々の通り」にしてよいかうかがい、「置付」を変更し、ほかの牧と同様に冬は「野取」して村預け（舎飼《しゃがい》）にするようにしている。試みはうまくいかなかったが、吉宗の「野馬」に対する並々ならぬ思い入れがあったことがわかって興味深い。

また、享保一〇年に「駄馬」を求めた際は、村で飼育された「里駄」ではなく牧で飼育された「野駄」を「所望」するなどしていた。この時もやはり、吉宗は「野馬」にこだわっていたのである。

御馬の権威を笠に着る

ところで、「雑書」享保四年（一七一九）一一月三日条によると、「御買馬」に際して、盛岡藩の馬別当工藤弥七郎は、幕府馬方の諏訪部定軌《さだのり》から、

畢竟《ひつきよう》御馬御大切の儀これ有り候、道中急ぎ上着候ては長途の儀に候間、寒冷、強風、風雪の節、押して旅行仕り候ては、万一途中にて病馬出し候えば如何に候間、兎角十二月五日前牽き届け候えば然るべし

との内意を伝えられている。将軍の「御大切」な「御馬」となる馬であるから、道中は急がず、病馬を出さないよう江戸へ運ぶように指示されていたのだ。

そして、その「御大切」な「御馬」に付き添う役人に対して藩は、「諸献上物附け参り候才領幷御雇の者共、道中にて御献上物を権威に仕り、宿々にて夫賃も相出さず、小揚を出させ、或いは旅籠《はたご》払い等も所により滞り候様」に聞いているから、「御用御馬」についても注意するように、さらに、「公儀より諸事御費えを御省き、道中宿々へも仰せ渡され指し置かれ候由候えば、御馬附け登り候者共道中随分相慎み、下々自分の用事等少しも申し懸けざる」様にし、接待されたり贈物を受け取ったりなどしてはいけないと命じている（「雑書」享保五年〈一七二〇〉九月二六日条）。将軍の馬を牽き江戸に向かう者のなかには、その道中において、「御馬」の「権威」を笠に着て驕り高ぶる者がいたのである。

しかし、ここで注意しなければならないのは、動物である馬そのものに権威が備わっていたわけではなく、あくまでも所有者の権威を帯びた存在であったから、所有者の意に添わなければ「御馬」の「御」の字は奪われ、ただの「馬」へと転落することにもなった。「御」の字を冠するのも奪うのも、所有者である人間だったのである。

享保改革と御馬

さて、享保年間には幕府牧の下総国小金・佐倉両牧（現千葉県）、安房国嶺岡牧（同上）が再編・再興されたが、吉宗政権との関係について言及した諸研究をみると、小金・佐倉両牧については、享保改革における年貢増徴策として行われた新田開発との関連性が指摘されている。

一方、幕府牧の馬に注目した荒居英次氏は、幕府が元禄四年（一六九一）に御馬買衆の派遣を廃止し、さらに享保八年（一七二三）には馬喰に御用馬購入をすべて一任し、江戸まで馬を運ばせたことを、幕府の「御用馬買入の消極化・弛緩を示すもの」、あるいは、「御用馬買入策の後退」と指摘して、幕府牧の再編・再興の意義を、「享保改革の一環として幕府の馬匹《ばひつ》対策を、御用馬の買入制から自力による御用馬（軍馬）の養成確保に切換えた」と評価した。さらに、吉宗は洋馬を輸入しているが、これを「馬匹（軍馬）の改良」を目的としたもので、「自力による軍馬の養成確保策の一環」であったとする（荒居、一九六二)。

享保期に幕府は、牧支配・管理機構の再編などで江戸周辺の幕府牧を統一的に管理することを可能にした(久留島、二〇〇〇)。また、小金・佐倉両牧周辺に知行を持つ領主層へは牧地の新田開発を厳命し(須田、一九八四)、牧周辺の村へは個別領主支配の枠を超えて牧の管理・運営にかかわる役を課すことで(中村、一九八五)、支配を強力に貫徹させていった。

こうした動きと、個別領主支配の枠を超えて設定された鷹場の支配と鷹狩をとおして、江戸周辺および関東地域を再編し江戸の首都機能を維持・強化した、と大石学氏が評価する享保改革との関連性を想定すると(大石、二〇〇三)、幕府が享保改革の一環として、軍事力を支える馬の養成確保を江戸周辺の幕府牧において自力で行ったとする荒居氏の指摘も、首都機能の維持・強化という点で興味深いものとなろう。馬と幕府牧が、江戸の首都機能の維持・強化に果たした役割は大きかったのである。

吉宗による東北の馬の活用

そして、ここで改めて確認しておきたいのは、先述のとおり、吉宗は将軍就任後しばらく盛岡・仙台両藩から積極的に馬を購入していたことであり、また、享保一二年(一七二七)から購入馬を選定する際に吉宗自ら見分していたことは、幕府や盛岡・仙台両藩の役人に委ねていたこれまでの制度と比較すると注目してよいだろう。そしてなにより、幕府牧での御用馬養成確保体制の基盤をつくるためには、やはり東北の馬、なかでも盛岡・仙台両藩からの良馬の購入、または献上が欠かせなかったことである。

その一端を紹介すれば、享保四年（一七一九）六月に幕府は、小金牧の種馬として白河藩から牝馬二〇頭を購入しており、同年一一月には、盛岡・仙台両藩に馬を吟味させ、それを見分した上で、仙台藩から三頭の馬を購入して幕府牧の「父馬」としている（「雑書」）。

また、享保七年（一七二二）に盛岡藩は、「駄馬（牝馬）弐拾疋」を購入するから嶺岡まで牽き連れて来るよう幕府から指示されていた（「秘記」）。実際には嶺岡へは運ばれず、江戸城西の丸にある諏訪部定軌が預かる厩へ届けるよう指示が変更されているが、同年は嶺岡牧が再興された年であり、また、年は下るが元文三年（一七三八）の嶺岡牧の種馬血統をみると、牝種馬の多くが南部筋（四八頭中三二頭）であることからしても（荒居、一九六二）、この盛岡藩から購入した「御用駄馬」二〇頭（うち一六頭は献上）が、幕府の自力による御用馬養成確保体制構築の基盤となったとみてよいだろう。

盛岡・仙台両藩領内の馬喰が江戸へ率いていった馬の幕府による購入頭数は、およそ享保一三年（一七二八）を境にして毎年一～七頭と減少しているが、これは、幕府牧での御用馬養成確保体制が整い、御用馬に利用できるだけの良馬の再生産が可能になったことによるものだろう。ただし、幕府による南部馬・仙台馬の買い上げが幕末まで続けられた点もあわせて指摘しておきたい。両藩の馬は、幕府にとって欠かせないものであった。

追善碑がつくられた洋馬

最後に、吉宗が輸入した洋馬のうちの一頭で、盛岡藩に下賜され、藩の牧で一生を終えた「春砂」の紹介をしておこう。

吉宗が大柄の馬を好んだことはすでに述べたが、小柄な在来馬の大型化を目指して、洋馬が積極的に輸入され、幕府牧では品種改良がはかられた。「春砂」も輸入された一頭で、盛岡藩に下賜されて、父馬として藩の牧の住谷野《すみやの》に放たれたが、良馬の生産には寄与するところがなく、結局は「除馬《よけうま》」となって、異国の地で一生を終えたという（『日本馬政史』）。

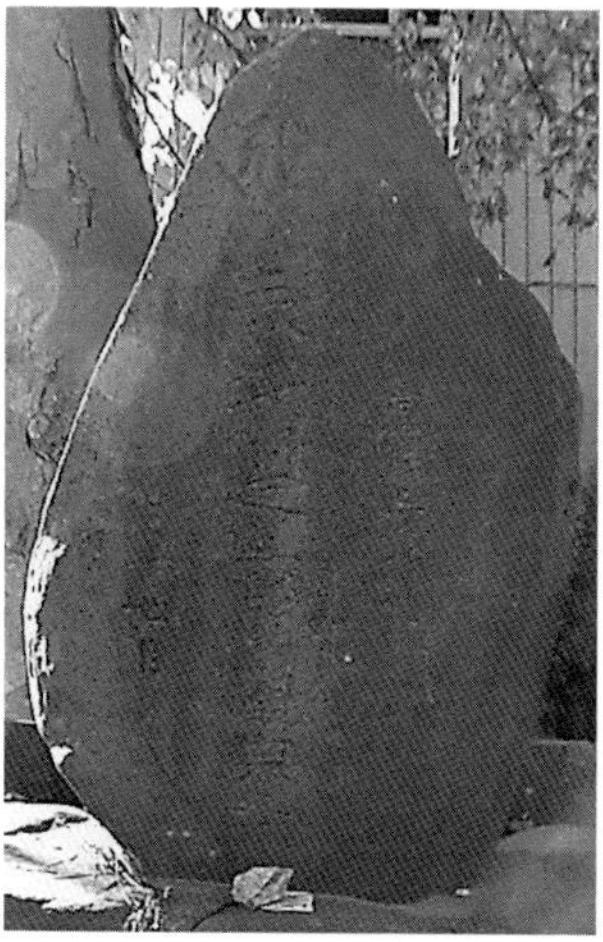

図13　春砂の追善碑

「春砂」の死後、追善のために建てられた石碑は、現在「唐馬の碑」とよばれて、青森県三戸町《さんのへ》にあり、県指定史跡となっている。私は平成一五年（二〇〇三）一一月、この石碑をみるために三戸町へ出かけた。

夕日眩しい馬暦《ばれき》神社の横にあるその石碑には、寛保三年（一七四三）に建てられたこと、そして「春砂」が鹿毛《かげ》で四尺九寸五分、九歳で亡くなったことが刻まれていた。背丈はほぼ五尺で一五〇センチくらい。先に紹介したように、在来馬が四尺（約一二〇センチ）を基準としていたことからすると、牧ではさぞかし目立っていたことだろう。九歳であるから、人間の年齢にしておよそ三六歳で亡くなったことになる。異国の地で、何を思い、何を感じながら過ごし、その一生を終えたのだろうか。

この石碑の正面には、「奉新造馬頭観世尊」と刻まれているが、産馬の護神として人馬が参拝したという（『日本馬政史』）。「唐花のみちのくに散る春砂哉、子野花や住谷に開く春の駒」とも刻まれ、異国の地で亡くなった「春砂」に思いを寄せる当時の人々の気持ちが、いまも伝わってくる。確かに、人馬は深い情で結ばれていたのである。

身分標識としての馬

男馬・女馬として生きる

馬の一生

　これまでは、権力者の「御馬」について注目してきたが、「御」の字を冠されることがなかった多くの「馬」も含めて、江戸時代の馬は、どのような一生を過ごしていたのだろうか。馬の一生のはじまりは、いうまでもなくその誕生である。では、誕生したばかりの仔馬たちには、どのような一生が待っていたのだろうか、みていくことにしよう。

　そもそも馬の一生の長さはどのくらいだったのだろうか。現在の競争馬の平均寿命は二五歳くらいといわれているが、江戸時代の馬の平均寿命については、残念ながらわからない。いずれ二五歳くらいまで生きるチャンスがあり、実際にそのくらいまで生きてもいた。

人間の年齢にすると、単純に四倍すれば一〇〇歳、馬の成長の度合を考慮して計算すると、八三歳くらいに相当するようだ（日高振興局HP）。

もちろん、現在の日本人の平均寿命が、男性八〇歳、女性八七歳であったとしても（二〇一四年WHO世界保健統計）、誰もがその年齢まで生きられるわけでもないし、その年齢を超えて長寿を全うすることもある。馬もまた然りである。

そして、生まれた際に、牡馬《ぼば》（男馬）に生まれるか、牝馬《ひんば》（女馬）に生まれるか、百姓に飼われて農馬として一生を過ごすか、武士に飼われて軍馬として一生を過ごすか、さらには、権力者の「御馬」となるか、御の字を冠されることなく「馬」で過ごすかなどによって、江戸時代の馬の一生は随分と違ったものとなった。

そこで以降は、馬の一生のはじまりである誕生において、男馬に生まれた場合、女馬に生まれた場合にまずは注目して、どのような一生が待っていたのか、みていくことにしよう。

男馬（駒）に生まれる

馬産地の盛岡藩は、良馬の生産が求められており、藩もそれに応えるべく、馬政《ばせい》の充実に努めていた。そのため、藩が管理する九つの牧（南部九牧＝大間野《おおまの》・奥戸野《おこっぺの》・有戸野《ありとの》・木崎野《きさきの》・又重野《またしげの》・相内野《あいないの》・住谷野《すみやの》〈以上、現青森

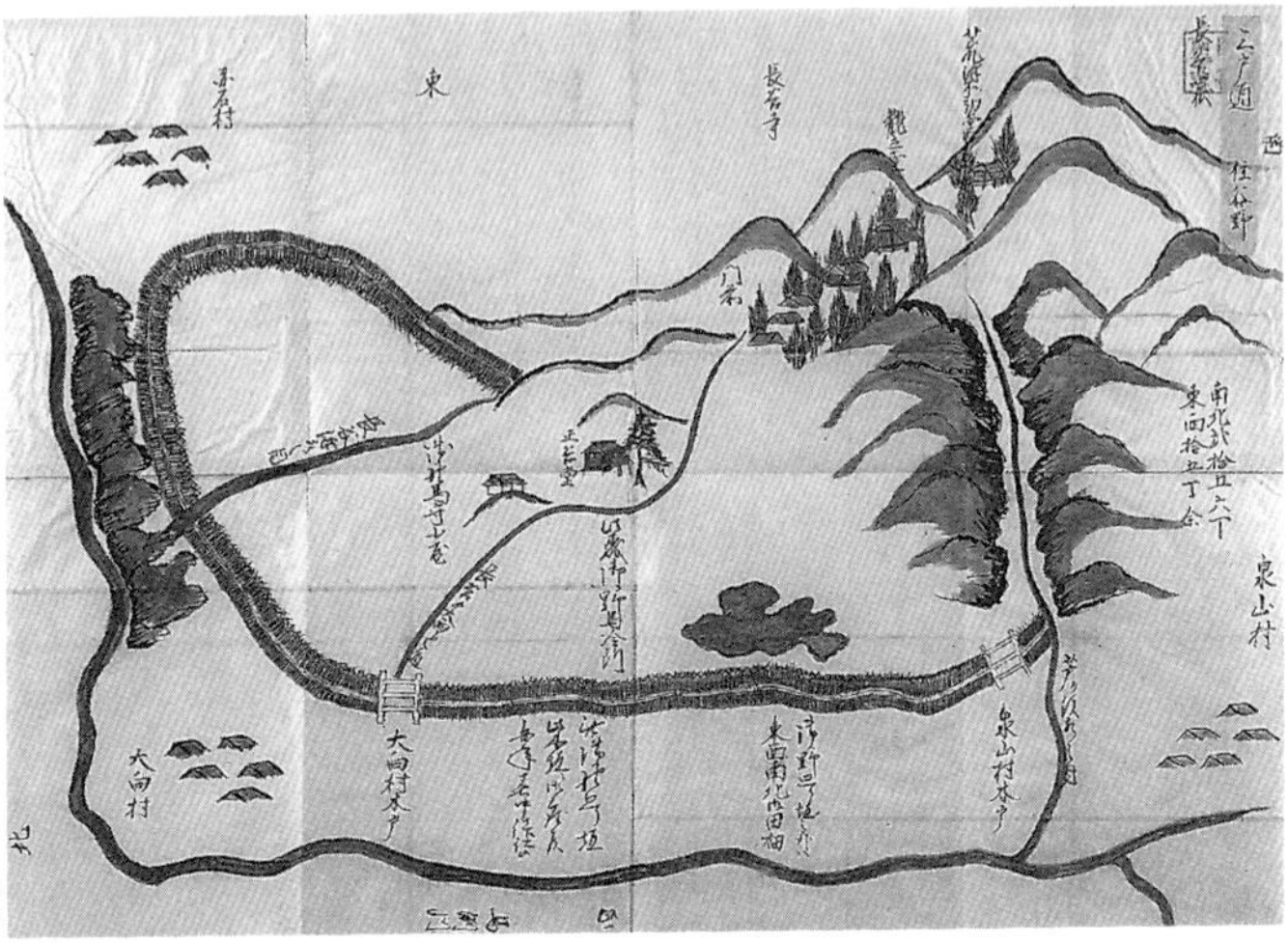

図14　南部九牧図　住谷野（もりおか歴史文化館所蔵）

県〉、北野・三崎野《みさきの》〈以上、現岩手県〉）が設置されており、野馬別当のもとに、馬の調教にあたる馬責《うませめ》、馬の治療にあたる馬医、馬と牧の管理にあたる野守《のもり》、狼などを退治・駆除する猟師などを置いて、野馬の管理にあたらせていた。

　牧にいる馬の数は、宝暦五年（一七五五）を例にみると、三〇頭代のところもあれば、一二〇頭代のところもあり、九牧全体では七一一頭であった（『南部史要』）。寛政年間（一七八九〜一八〇一）には、牧のひとつの木崎野で、馬が「余計」に増え管理が大変になり、四〇〇頭に調整している例もみられる（「雑書」寛政二年〈一七九〇〉七月七日条）。牧の規模や年代によって、頭数に違いや変動があった。

各牧には父馬（種馬）が一頭ずつおり、これが、牧で唯一の繁殖能力をもつ牡馬（男馬）で、ハレムを形成していた。力のある父馬は、時に二歳の若い牝馬を「喰い殺」したり、母駄（牝種馬）を追い廻したりして殺してしまうこともあった（「雑書」）。そんな父馬も、種馬としての能力が衰えてくると、入れ替えが行われた。

牧で駒（男馬）が誕生し、二歳になると秋にはすべて「野取《のどり》」されたが、藩は、牧でばかり良馬を生産していたわけではなく、領民の馬（里馬）に頼るところも大きかった。「父馬これ無く候えば以来能《よ》き馬出申さず」とあるように、「勝《すぐ》れ馬」を父馬として村に配置し、「公儀御用馬にも相成り、他に稀成る御国産」の馬が生まれるようにしていた（「雑書」）。里馬に関しては、牛馬改役を置き、また、各代官所には代官のもとに牛馬役（牛馬籍調査）、各村には馬肝煎（事務担当）や馬見役（鑑定担当）を置くことで、その管理にあたらせていた。

野馬・里馬ともに、二歳駒は特に藩の管理が厳しく、すべて改められ、三歳駒のうち「下駒」は他領出も認められたが（飢饉の時などは二歳駒の他領出が許される年もある）、「上駒」は認められず、「すぐれ能き馬」は藩の厩へ引き取られた（「雑書」）。

寛文一二年（一六七二）の搬馬《せりうま》の例をみると、「上馬」は「則時御馬屋へ入れ」、「中」は誰でもよいから「持馬」（武士の役馬《やくうま》や百姓・町人の持馬など）として購入させて馬主に代金を支払い、「下馬」は「せり駒」として搬にかけよ、としている（「雑書」）。駒でもその馬の質（身体的特徴・毛並みなど）によって、上・中・下の三等級に区分けされていて、「下駒」は領内外へ売り払われた。

宝永七年（一七一〇）の例だが、上野村の百姓助五郎は、馬改《うまあらため》の際に隠し置いていた青毛駒三歳の二頭を、馬の管理にあたっていた馬肝煎《きもいり》にみつけられ、籠舎《ろうしや》となっている。愛着ある馬だから手放し難かったのか、それとも「密馬」として売り払おうとしていたのか、いずれにしても「隠馬」「密馬」は厳しく取り締まられ、発見されると処罰されたのだった。

武士の馬

男馬のなかでも「すぐれ能き馬」「上駄」とされるのは、「御用」に立つことが見込まれる駒であったから、それとは反対に「御用にこれ無き馬」（「残り駒」「其の下の馬」）は、搬にかけられるなどして売買されることになった。ただし、そうした「残り駒」のなかでも「用に立」つ良馬を盛岡藩士は優先して購入・確保しており、それを役馬として飼育し乗用とした。

つまり、駒として生まれたなかでも、「御用」「用」に立つと見込まれた良馬は、武士の馬としての一生を歩んでいくことになるのである。それ以外は、武士の馬となるもの、百姓・町人の馬になるものなど、様々な一生を歩んでいくことになった。

藩の厩に入った駒たちは、権威を付与された「御馬」となって、三歳から調教が加えられ、藩内においては藩主の乗用馬となったり、家臣に下賜されたり、神社に奉納されて「神馬」となるなどした。このほかに、幕府に買い上げられたり、献上されたりなどしたなかからは、将軍愛蔵の「御馬」となる馬も出た。さらに、盛岡藩が幕府要人や諸大名・旗本へ贈る進物馬になったりもした。

馬は、所有者の身分・格式に応じて、その質にも、馬が帯びる権威にも階層差があったが、なかでも「公儀御馬」は「御大切」な「御馬」として、人間以上に大切に扱われることになったのである。

女馬(駄)に生まれる

次に駄（女馬）についてみていこう。藩の牧には、一頭の父馬（牡種馬）に対し、多数の母駄（牝種馬）がいてハレムが形成されていたが、そこで生まれた駄は、「悪馬」などを除いてそのまま牧で飼育され、繁殖能力を備えて母駄となり、ほかの牧の母駄と入れ替えられたりした。母駄のなかでも、老馬・悪馬（疵馬）・病馬・不妊馬は「除馬《よけうま》」として淘汰され、払にかけられたり、領民に下賜さ

図15　馬の等級区分（「天保十年覚」個人蔵）

れたりした（『日本馬政史』）。

　里馬においては、領民が所持する牝馬（女馬）から生まれた駄は、領民の所持とされ、繁殖馬・農馬・運搬馬として使用されたが、売馬として掫にもかけられ、その売り上げは所持者の収入にもなった。よって、領民が困窮すると「御救い」として売馬の規制が緩和されるなどしたが（「雑書」）、領外にも売ることができたのは、駄の等級（上駄・中駄・下駄）のうち、下駄に限ってその売買が認められていた。駄もその馬の質によって、上・中・下の三等級に区分けされ、鬣《たてがみ》の切り方（「髪切」）で見た目も区分けされていたのである。

母駄の重要性

　藩は、駒と同様、駄についても厳しく管理していた。というのは、領内から「宜《よろ》しき駄」「能き母駄」（「雑書」）が流出するのを防ぐためであった。

良馬の生産には、男馬である父馬だけが重要なのではなく、例えば「能き母駄不足相成り候ては、自然と馬形も崩れ、馬も不足に相成る事に候」（「雑書」）と認識されていたように、女馬である母駄も重要であった。だからこそ、馬の質を保つためにも、「除馬」は淘汰される運命にあった。そして、駄のなかでも「宜《よろ》しき駄」「能き母駄」とされたのは良馬を多く生む女馬であったから、これが密売されて他領に流出などしては、盛岡藩の馬産に大きなダメージを与えることになる。

盛岡藩は、武家社会から良馬の生産・供給を求められており、それに応えようと努めていたから、「宜しき駄」「能き母駄」の流出（密売）、そして、他領からの「まぎれ馬」の流入による品質低下は、厳しく取り締まって防がなければならず、重要な関心事だったのである。

なお、先に紹介したように、幕府牧では、「南部馬」が父馬としてだけでなく、母駄としても多く飼われており、幕府の馬政・馬産に貢献していたことにも注目したい。

であるから、駄であれ駒であれ、馬盗人は見せしめのために成敗され、磔《はりつけ》にされるなどしている。もっとも駄馬三頭を盗んだ喜八は、

一、　馬盗人喜八へ申し渡す

其の方儀、兼ねて行跡宜しからず、他領へ罷り出、御境の掟相背き、其の上此の度七戸《しちのへ》御代官所に於て盗み馬仕り候科により、打首獄門申し付け候也

とあり、不行跡、越境、馬盗人と三重の罪で「打首獄門」となっている例もある（「雑書」元文二年〈一七三七〉六月二五日条）。馬産地である盛岡藩のなかでも、「南部においては、五戸《ごのへ》・七戸と申す処、馬第一に宜しき所」（「胤馬代金幷往返道中記」栃木県立文書館所蔵）とあるように、七戸立の馬（現青森県七戸町）は別格の扱いであったから、厳罰に処されたところもあったのだろう。

しかし、取り締まりにも限界があり、こうした馬盗人が密売人となったり、馬改に際して上・中の駄・駒をごまかしたりするなどして良馬が領外へ流出しており、寛保元年（一七四一）の例では、南部馬のなかでも「勝れ馬」や「宜しき馬」が他領に出回っているとして、「馬事全躰不吟味」を改めるよう触れられてもいた。

村には女馬　駄（女馬）は農民の所持とされるから、村の馬は女馬の占める割合が高かった。江戸時代の馬所持のあり方を色濃く残す明治前期の『岩手県管轄地誌』の数値を示そう。

岩手郡　馬数一万三七三二頭（牡二八八二頭　牝一万〇八四九頭）牛数　五五六頭

紫波《しわ》郡	馬数　六六一八頭	（牡三一一五頭	牝　三五〇三頭）	牛数　九四頭
稗貫《ひえぬき》郡	馬数　六一一七頭	（牡一七四一頭	牝　四三七六頭）	牛数（記載なし）
和賀《わが》郡	馬数　六八七八頭	（牡一八一六頭	牝　五〇六二頭）	牛数　九九頭
閉伊《へい》郡	馬数一万六五四〇頭	（牡五一一一頭	牝一万一四二九頭）	牛数　九二四九頭
九戸《くのへ》郡	馬数一万一五三一頭	（牡二五〇九頭	牝　九〇二二頭）	牛数　七七四九頭
二戸《にのへ》郡	馬数　七〇六八頭	（牡二三三二頭	牝　四七三六頭）	牛数　六四七頭
合　計	馬数六万八四八三頭			牛数一万八三九四頭

これは北・三戸郡（青森県）と鹿角《かづの》郡（秋田県）を含まないから、盛岡藩領全体をカバーできていないが、およその傾向は示されているといえる。つまり、沿岸から北上山地を越えて内陸に物資を運ぶ必要がある閉伊郡と、山間部の九戸郡はほかの郡に比べて牛が突出して多いが、全体とすればやはり馬が圧倒して多い。南部牛が活躍した地域は限定されていた。そして、紫波郡は男馬・女馬ともにその数は拮抗しているが、ほかはすべて、女馬が男馬を圧倒的に上回っていることがわかるだろう。村の生活の場においては、女馬が特に活躍していたのである。

「武具」としての馬

身分を象徴する馬

これまでみてきたように、南部馬の駒のうち、「御用」「用」に立つ馬は、武士の馬としての一生を歩みはじめ、一方、駄の多くは、農民の所持する馬として、繁殖馬・農馬・運搬馬・売馬となる道を歩むことになった。では、その馬と武士・農民との関係はいかにあったのだろうか。

近世の身分制の枠組みをつくり出した政策に、兵農分離政策がある。そのうちの刀狩令の条文を簡単に紹介しよう。第一条では、百姓が「刀・脇差《わきざし》・弓・鑓《やり》・鉄砲」などの「武具の類」を所持することを禁止しており、第三条では、百姓は「農具さえ持ち、耕作専らに仕り候えば、子々孫々まで長久」にいられる、と説いている。

つまり、百姓身分は「農具」を持って田畑を耕作する存在であり、武士身分は「武具」による武力を背景に人々を支配する存在とされたわけだが、馬は、農馬として、また軍馬として存在したから、百姓の身分標識である「農具」でも、また武士の身分標識である「武具」でもあったのである。

武士と身近で遠い存在となる馬

所有する馬が自身の武威・武芸、身分・格式を可視化するものであったから、武士は相応の馬を所有し、飼育・調教して軍役奉公に備えなければならなかったが、江戸時代の武士にとって、それはなかなかに難しいことでもあった。

兵農分離で武士が城下（都市）に集住するようになり、また、一七世紀は「大開発の時代」といわれるように、森林原野が切り開かれて新田開発などがすすむと、馬の飼料である秣《まぐさ》の確保は容易なことではなかった。結果、馬の飼育には、これまで以上に糠《ぬか》や大豆などが重宝されるようになったが、商品経済の浸透とともに、武士が困窮しはじめると、それらを入手することも困難で、武士でありながら、ますます馬を所有し続けることが困難な環境・状況におかれていった。

役馬を所有する大変さ

それは、馬産地である盛岡藩でも同様であった。盛岡藩士は、一〇〇石以上の武士が役馬を所有することが求められ、役馬改も行われており、承応三年（一六五四）の役馬改では、「悪き馬」や「病馬」で「久しく煩い、用に立たざる様成る馬」は替えるように申し渡しがあった。また、三歳馬でも良い馬（馬能く候）であれば、役馬として出してよいとされているように、実用重視であった。

しかし、それから約三〇年後の天和三年（一六八三）の役馬規定では、一〇〇石以上という規定は変わらないものの、「たとえ三歳にても又馬あしく候共苦しからず」とあり、実用よりもまずは馬を所有することが優先して求められている（「雑書」）。一七世紀後半には、早くも役馬の維持に苦労していた姿がうかがえよう。

そして、元禄八年（一六九五）の飢饉に際しては、役馬を三〇〇石以上の武士が所有するものとされて、藩士の負担軽減がはかられた。以降、藩士たちの困窮を理由に、三〇〇石以上の所有が幕末の嘉永六年（一八五三）まで固定化される（「内史略《ないしりやく》」岩手県立図書館所蔵）。

元禄一五年（一七〇二）には、飢饉で大豆が不足したため、馬を持つことが困難となり、馬数が減少することが心配されてもいた（「雑書」）。馬飼育における「馬大豆」の重要性を確認できるが、大豆については、「青引《あおびき》」（大豆の葉が青いうちに刈り取ったもの）も重要な飼葉《かいば》となった。それは、盛岡藩の各代官区（「通」）ごとに、「御馬飼料糠」（一〇〇石につき三駄、一駄を八〇文とする）とともに、「御馬飼料青引代」（一〇〇石につき一貫五三六文〜一貫七〇〇文）が課されていたことからも知られよう（「封内貢賦記」『南部叢書』）。

図16　馬ッコつなぎの藁馬（岩手県立博物館所蔵）

なお、江戸時代の稲に注目する武井弘一氏は、馬を飼育する際の藁・糠にも関心を寄せている（武井、二〇一四）。この藁は、馬の飼料となったり厩に敷かれたりするだけでなく、雨や雪が降った時に馬にかける雨よけとして編まれたり、馬から蠅を払うための蠅払いをつくる材料ともなった。藁で馬をつくって玩具としたり、民俗行事に利用されたりもした（『藁の民俗』仙台市歴史民俗資料館）。近世の藁は、武井氏が注目するように、馬を考える上でも魅力ある研究対象といえよう。

馬を嫌う武士たち

さらに一八世紀の武士と馬の関係を「雑書」からみると、宝暦元年（一七五一）三月二〇日条は非常に興味深いものである。これは、青駄《あおだ》（乗物の駕籠）の使用を禁止されたことを受け、幕府に派遣する使者が落馬して御用が差し支えることがあっては困ると心配する家老と物頭《ものがしら》が、従来通り青駄での派遣を求めたことに対する盛岡藩主南部利視《としみ》の「御意」である。長文ながら引用しよう。

惣じて青駄御停止の儀、年若き者などは馬の乗り下り心得に相成り候事故、荷を附ける馬とても修行のためには相成り申す儀故、仰せ付けられ候事に候、馬上にては眠り等忍び入り申す気分これ有る儀ゆえ、覚悟にも相成り申し候、其の上馬上の儀、御上下の御供とても壱人として落馬致し御用差し支え申さざる儀これ無く候え共、往古より馬上は武士の事業故、是非無く乗り来る事に候、落馬致すべしとて馬を嫌い申す事、年若の者など、又組支配仰せ付け置かれ候者などは、申し方懦弱《だじゃく》に相聞こえ申し候、差し支えの儀は落馬等に計りに限らず、（中略）亦《また》惣じて若き者共、道中馬上にて往来いたし候えば、筋骨もかたまり身のため能き儀と召し置かれ候、此の度の青駄の儀に計りに限らず、惣じて御者頭共は乱治に相変わり申す役筋に付、乱世には其の日の勝負に相懸かり申す事故、重き役筋に候、然れば治乱により役筋も軽重これ有る事に

候、是等の儀は思し召し附けられ候故、若き者共心得のため御意遊ばされ候

結局、青駄の使用は「勝手次第」として認めた利視だったが、右の「御意」を示すことで、武士として気を引き締めるよう説いたのである。「往古より馬上は武士の事業」とされていたが、「馬を嫌」い、馬と距離を置く「懦弱」な若い武士が、馬産地の盛岡藩でも目につくようになっていたのだろう。

馬医の不熟と馬責の不鍛錬

もうひとつ、今度は盛岡藩の「御馬」の治療をしていた馬医と調教にあたっていた馬責《うまぜめ》に関する記事を紹介したい。享保一四年（一七二九）、利視の「御召馬」であった「豊良」の病状が重くなったので、馬医たちが治療したが「及び兼ね」、重臣の八戸弥六郎のところの馬医が治療したところ、見事に回復した。面目を潰された利視はご立腹で、「御馬医共家業不熟の仕方」であるとして、馬医へ次のように仰せ渡している。

兼ねて稽古不熟故、懈《おこたり》の筋と思し召し、且つ又馬薬等銘々調え候儀、力に及び兼ね申す儀は、上へ申し上げ請け取り申す事に候えば、是又事足り申す儀と思し召し候、尤も上にて別して御馬の儀は御自身御下知遊ばされ候間、油断仕るまじき儀と思し召し候

馬医たちは、懶《なま》けているだの調薬の力不足だの、散々な評価をされた上に、今後は殿様である利視自らが御馬について指示を出すから油断するな、と言い渡されている。この時、馬の調教にあたる馬責も、無精な者がいると聞いているからしっかり勤めよ、懈怠《けたい》の者で御用に立たない者がいれば吟味せよ、と申し渡されている。

言葉を発することのない動物相手の治療は現在でも大変なのだから、さすがに馬医が気の毒に感じられてならないが、利視にしてみると、この時とばかりに日頃の思いをぶつけたのだろう。

このように、「落馬」を気にして「馬を嫌」う藩士がおり、馬医は「稽古不熟」、馬責も「稽古不鍛錬」と咎められている。藩士からは、「落馬」したことによる湯治願がたびたび出されていた。さらに、役馬を維持できず、藩からの「借馬」で軍役を果たす藩士もいた。武士にとって馬は、身分を象徴する存在でありながら、さらに身近で遠い存在になっていったのだった。

武具職人の技術伝承の危機

こうした事態は、武士の身分標識である武具についても、深刻な問題を生じさせていた。つまり、窮乏するなかで武具の修繕がなされず「大破」に及ぶのみならず、武具職人たちも腕を磨こうにも稽古をする機会を確保することが困難な状態におかれたのである。

享保元年（一七一六）、藩主利幹《としもと》は「御武具久々繕い等仰せ付けられず候に就き、御捨て置かれ難く候」と考えて武具の修繕を行わせたが、実際には藩財政も逼迫しており、同一〇年には「金不足」により「御繕い断絶」の危機に陥っている。

その後、「雑書」宝暦五年（一七五五）四月一七日条によると、

一、　　　　　　　　　　　　　　　　　御武具奉行

其の方共支配、御武具針細工師長八、御武具師善次郎、同塗師与兵衛、同鍛冶御同心長右衛門、御武具師御同心亦七、御具足師甚十郎儀、寛延年中迄時々御細工御用仰せ付けられ相勤め候処、其れ已後御細工御用も仰せ付けられず候処、右の者共幷子共稽古仕り候様これ無く候間、両人宛も段々御登せ江戸表に於て家業稽古仕り候様仰せ付けられ下されたき旨（以下略）

とあり、寛延年間（一七四八～五一）まで「時々」行われていた「御細工御用」が命じられず、武具職人の父子は「家業稽古」もできない状態にあり、江戸で稽古を積みたいと願い出ている。さらに、安永六年（一七七七）には、武具奉行のもとに鑓師《やりし》がおらず「御用差し支え」の事態に陥ってもいる（八月一日条）。一八世紀には武具の危機と、武具職人の

技術伝承の危機に直面していたのである。

なお、森下徹氏は、近世後期における盛岡藩の特権的な職人の江戸稽古の意味を、「単なる個人としての技術の習得ということよりはむしろ、その家の権威付けのために、江戸の師匠からの免許伝授を必要としているとみなせる」と指摘している（森下、一九九七）。事例に基づく分析で首肯される見解だが、ここでは、一八世紀の「御繕い断絶」の危機による江戸稽古の実態にも注目しておきたい。

武士と馬の距離縮まる

こうした状況に変化が生じたのは、異国ロシアの接近による蝦夷地警衛と異国船の出没が相次ぎ開国が迫られる一八世紀後半以降である。まさに、実戦の可能性が高まるなかで、盛岡藩では武芸が奨励され、軍制も改変された。

もちろん、実感に乏しい武士もいて、文政三年（一八二〇）の時点でも、武芸が「御奉公の専務」とされながら、「懈怠」と表現されるように怠けたり、稽古場に「名目にのみ」出席したりする者がいるなどしており、「芸術未熟」「柔弱の風儀」という事態にならないよう武芸に専念することを求める沙汰が出されていた（「雑書」）。

しかし、弘化年間（一八四四〜四八）に実戦を想定した大規模な軍事演習が行われ、嘉

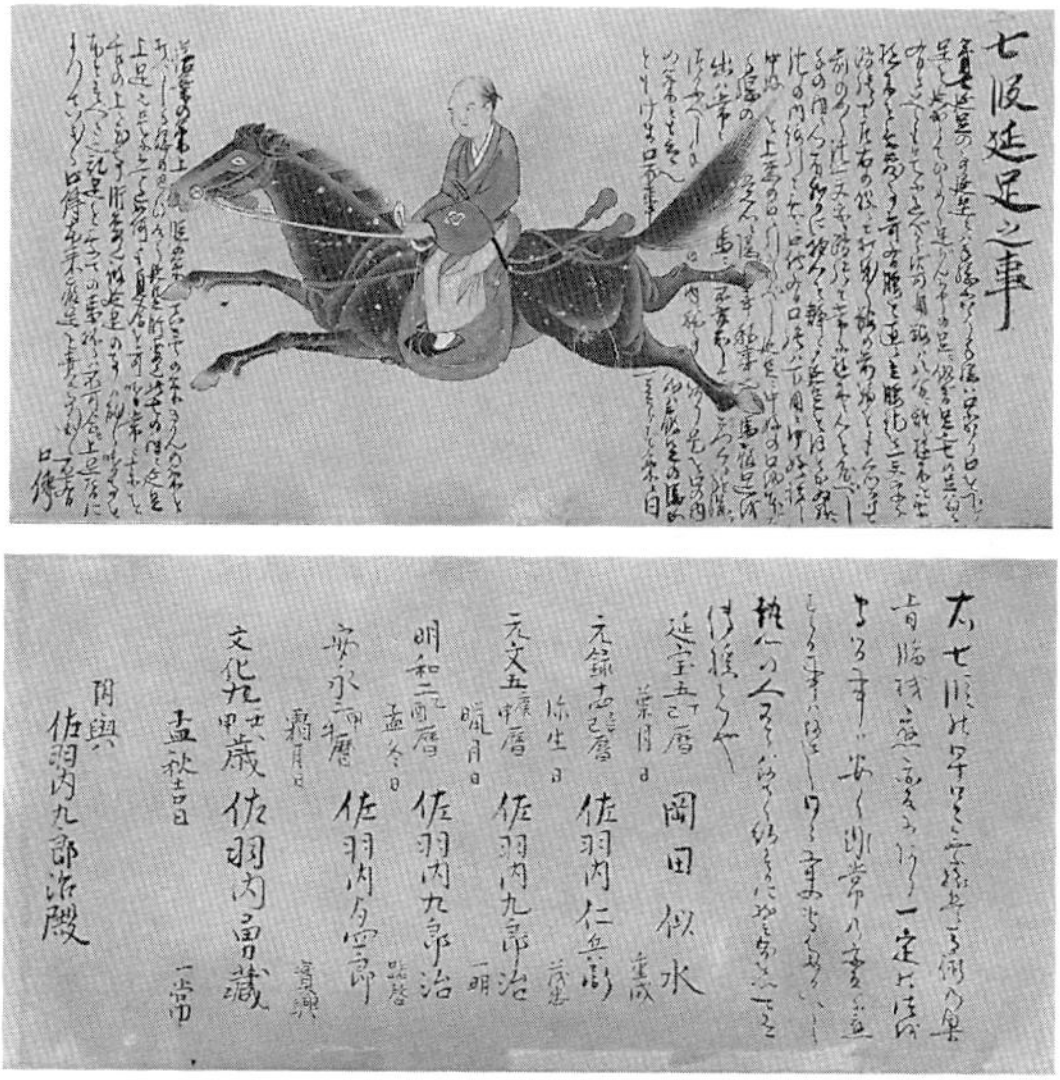

図17　一和流免許状（岩手県立博物館所蔵）

永年間（一八四八〜五四）には二〇〇石以上の武士に役馬の所有が求められた。さらに、先に紹介したように、安政年間（一八五四〜六〇）には幕府が「実用第一」として拵馬《こしらえうま》を禁じ、仙台藩では村にも伝えられて、その徹底がはかられたように（吉田家文書「定留」陸前高田市立図書館所蔵）、幕末に向かって軍事的緊張が高まるなかで、武士と馬との距離が縮まっていった。武士が、馬と全く無縁な存在となることは、最後までなかったのである。

他国者にも支えられた馬事文化

武芸が「御奉公の専務」であった武士は、「弓馬の士」ともいわれたように、武芸のなかのひとつである馬術の技量を磨いていた。その馬術であるが、いろいろな流派があり、盛岡藩では大坪流・一和流がおもに学ばれたといい（『日本馬術史』）、乗馬の稽古には「木馬」も使われていたが、大坪流馬術師範の奥山弥七は、天明元年（一七八一）に藩から土地を拝借し、稽古場を建てている（「雑書」五月二二日条）。五代藩主の南部行信《ゆきのぶ》などは、新たな馬術の流派として行信流を起こしてもいた。

ところで、盛岡藩南部氏は旧族外様藩であるから、古くから家臣団を固定化させていたように思われるかもしれないが、三代藩主重直《しげなお》（藩主在任期間：寛永九年〈一六三二〉～寛文四年〈一六六四〉）は、藩政の確立に際して、新たな支配秩序に適応するため、即戦力となる新参家臣を数多く召し抱えていた。彼らのなかには、政治的能力を備えた者ばかりでなく、武芸や学問を身につけた者もいた。新参家臣の多くは牢人やその子弟で、江戸に集住していた者たちであった。彼らのなかには、馬術にすぐれた牢人もみられるので、彼らについて紹介しよう（拙稿、二〇〇九）。

重直が御馬買衆と懇意な関係を築き、彼ら旗本から情報や指南を得るなどして、幕府との交渉を円滑にすすめていたことはすでに紹介したが、彼らの仲介によって江戸で新参家臣を召し抱えてもいる。幕府馬方の諏訪部氏の門人で馬に精通した武蔵国出身の牢人山本藤兵衛は、御馬買衆として派遣されていた黒沢定幸《くろさわさだゆき》の仲介で召し抱えられている。また、もとは盛岡藩の陪臣で、牢人後に江戸で徒鞍流《とあんりゅう》の馬術を究めた成田兵庫も、同じく定幸の仲介で帰参していた。

牢人を紹介した定幸は、八条流の馬術に長けた諏訪部定吉《さだよし》の二男で、馬に関する書物を編むほど馬に精通した、幕府馬方の旗本（御馬預、知行二九〇石・現米四〇石）であった。藤兵衛は江戸で牢人中に定幸のところにいたというから、定幸自身の門人であった可能性もある。『寛政重修諸家譜』の「黒沢系譜」にはみえないが、定幸の叔父（黒沢外記）、弟（黒沢九郎兵衛）、二男（黒沢伝兵衛）はいずれも南部家に召し抱えられており、黒沢家と南部家の縁は非常に深かったのである（「参考諸家系図」）。

定幸は、こうした縁によって牢人を重直に紹介しているが、定幸をはじめ、御馬買衆として派遣されたことのある旗本や幕府の馬医を務める旗本が紹介した新参家臣は、必ずしも馬に関係する者ばかりではないことにも注目したい。つまり重直は、御馬買衆の来訪をはじめとして馬をとおして数多くの旗本と交際し、彼らの人脈を頼りに、多様な人材を確保していたのであり、旗本側も縁故ある牢人などを重直に斡旋していたのであった。

御馬買衆による仲介は確認できないが、「馬術の達人」の牢人大嶋惣右衛門は「馬術を以て召し抱」えられており、その家督を継いだ惣左衛門は「父に継いで馬術を師範す」とみえ、二男次郎兵衛は「御馬責」に召し出されている。近江国出身の内田清兵衛も「馬術の達人」で「御馬責に召し抱」えられており、清兵衛の子も「御馬方」や「御馬責」に任命されている。伊勢国出身の牢人蝿田甚太夫は、白岩流馬医を修めた人物で（『馬とくらし』遠野市立博物館）、江戸で「馬医」として召し抱えられてもいる（「参考諸家系図」）。

いずれも、彼らの馬に関する知識や技能が、馬政や馬術の発展に寄与することを期待されたのだろう。盛岡藩の馬の文化は、「他国者」によっても支えられていたのである（拙稿、二〇一三b）。

「農具」としての馬

農民と馬の関係

次に、盛岡藩領の農民と馬の関係はどうあったのか、みていくことにしよう。古くから東日本は馬、西日本は牛、といわれることを先に紹介したが、馬は東北の地に適した役畜であった。寒冷な土地で農業に充てる期間が短い東北では、発酵性の高い馬糞が肥料として適しており、牛よりも俊敏な馬は作業効率の点からいっても適していたのである（森、一九八七）。

それでは、江戸時代に農民は農馬をどのように利用していたのだろうか。明治時代の史料になるが、江戸時代から明治前期にかけての仙台藩・宮城県における農馬の利用について、詳しい記述があるので紹介しよう（「牧畜」）。

図18　馬耕の様子

> 農家ノ馬匹《ばひつ》ヲ飼養スルハ主トシテ肥料ヲ取リ、使役ハ肥料及収穫物ヲ運搬シ、挿秧《そうおう》ノ期ニ至レハ農家ハ一般代掻《しろかき》ト称シ水田ヲ攪和シテ其準備ヲナシ、農業余業トシテ燃料ヲ家宅ニ駄送スルノ用ニ供シ、一トシテ馬匹ノ必要ナラサルナシ、且ツ従来ハ代掻ノ外、耕耘《こううん》ニ馬匹ヲ使役スルコト少ナク専ラ手耕ヲ用ヒ来リシカ（以下略）

これによると、肥料となる厩《きゅう》肥《ひ》を得ることが主であり、運搬にも利用したが、耕作に際しては「手耕」が主で、代掻き程度の利用にとどまっていたという。

こうした状況は、盛岡藩においても同様であった。

その代掻きや田畑の掘り起こしの際に使用された道具に馬鍬《まんが》がある。横川良助《よこかわりょうすけ》の「飢饉考」（岩手県立図書館所蔵）には、寛政年間（一七八九〜一八〇一）頃の記事のなかに、「大いに挊《はたら》き徳ある農工品々」として、するす・唐箕《とうみ》・万穀・千穀・千こき・三《み》ツ鍬《くわ》（備中鍬・三本鍬）とともに、馬鍬が挙げられている。

又田畠を鋤鍬《すきくわ》打ちすがず《（過がず）》して、鋤の如きものを馬に結わえ付け、口取馬を牽《ひ》けば、後ろに人有りて此の鋤の如きものをあいしらへ、鋤鍬を用いて打たず、馬の力をかりて馬鍬を田をかくに用ゆあいしろう如くして田畠を掘り起こす、則ち鍬を以て打つに同じ、此の器、上方にては牛に結わえ付けて牛の力をかり、田畠を起こすといえり、此の方にては馬の力をかりて用いる故、馬大いに痛み宜しからず、暫《しばら》く所々にて是を用ゆと雖も、兎角《とかく》馬痛み宜しからずとて、今は用いる者なく止みたり、此の器は牛ならば尤も然るべきか、其の器の名何といえる物か、是を知らず

上方（西日本）では牛の力、東日本では馬の力を借りて、馬が鍬をあしらうように代掻きや田畑の掘り起こしをするとあるから、まさに「牛鍬《うしぐわ》（唐鋤《からすき》・犂）」と「馬鍬」であるが、「馬大いに痛み宜しからず」「今は用いる者なく止みたり」「其の器の名何といえる物か、是を知らず」とあるから、当時の盛岡藩では普及するに至らなかったとみてよい。

生産力に富む乾田が早くに広がった西日本では、深く掘り起こすためにも牛耕・馬耕が行われたのに対して、湿田が多かった東北地方では（岡、一九八八）、ぬかりがひどく馬を入れることができない田も多かったのである。こういう田では、のちに馬を使わない舟馬鍬《ふなまんが》が昭和前期まで使われていた（仙台市歴史民俗資料館展示）。東北地方において、耕作に馬

の利用（馬耕）が積極的に促されるようになるのは、国策により推奨される明治時代になってからで、普及に尽力することになる馬耕教師の派遣もみられたが、定着するには時間を要した（香月、二〇一一）。

農馬の普及

ところで、盛岡藩領内ではいつ頃から、農民による農馬の所持・利用が普及・定着したのだろうか。実のところ、この点については、はっきりしていない。そこで、「雑書」の記事を手がかりに探ってみることにしたい。

早くは天和三年（一六八三）、盛岡とその近郷の百姓に対して、「馬草・くゝ・かや等」の刈り取りについて指示が出されている。また、貞享四年（一六八七）には、百姓の家や農作業中の畑に落雷し、人とともに馬が六頭焼死している記事がみえる。そして、元禄一三年（一七〇〇）の百姓助七の家の火事では、馬屋から二四頭の馬を放ったところ、八頭が何者かに乗り逃げされた事件が起こっている（追っ手が追いついたところで馬盗人は馬を捨て逃げ、人馬ともに無事）。

これらのことから、一七世紀後半には、秣への関心が高まり、農作業の場には多くの馬がいたことを確認できるが、その背景としては、西国の事例でも指摘されているように（水本、二〇〇八）、新田開発がすすんで多くの分家が誕生し、家族形態が単婚小家族となるなかで、労働力補充としての農馬の需要が増加したことを指摘することができよう。

事実、盛岡藩では、寛文九年（一六六九）に新田開発を促す法令が出されており、それと前後して、領内の総人口にそれほど大きな変化はみられないものの、総軒数が、慶安四年（一六五二）の三万八七四七軒から、延宝八年（一六八〇）には四万八三八一軒へと増加している（「雑書」）。

ちなみに、「雑書」の火事報告の記事で、百姓の家の焼失以外に被害がない場合、「人馬怪我これ無し」が常套句として記されるのは、元禄一五年（一七〇二）以降である。一七世紀後半に農馬の所持と利用が広がって、「人馬」の距離が近づいたことを示唆していよう。

このように、農馬の所持と利用が普及し、やがて定着していくのだが、百姓にとって農馬がどのような存在であったのかを知ることができる興味深い記事がある。「雑書」の延享二年（一七四五）八月八日条を紹介しよう。

此の度、徳田御代官所西徳田《にしとくた》村孫次郎と申す御百性家、自火にて焼失、刻限夜更けにも及び申さざるに、九疋これ有り候馬六疋焼死、弐疋焼疵にて病馬に相成り、漸く壱疋無事にて候の旨訴え出候に付、右の趣御聴に達し、孫次郎甚だ不心得の無調法と召し置かれ候、都《すべ》て百性は牛馬をたより、一切の農業尽力を得候事は、常々感じ居り申すべき事に候、然るを難に臨み、財宝に心を引かれ、右体の生類一命を助け候筋を相わすれ候事抔これ有り候ては、以ての外不調法の儀に候、平生ケ様の難を心に懸け、其の期に臨み、第一人を労《いたわ》り、次には牛馬、猶余力これ有る時は財宝迄も焼失致さざる様に仕るべき義を、右の通り不心得者これ有る段、甚だ思し召しに相叶い申さず候に付、向後斯くの如きの者これ無き様に、御代官支配所中へ申し渡し、御百姓共心得違いこれ無き様申し含むべき旨仰せ出さる

ここに出てくる孫次郎は西徳田村の肝煎で、肝煎ともなると馬を九頭も所持していたことがわかるが、八代藩主南部利視が、「都て百性は牛馬をたより、一切の農業尽力を得候事は、常々感じ居り申すべき事に候」と指摘した上で、火事の際には第一に人命、次に牛馬、さらに余力があれば財宝（家財）を大切にせよ、と説いているのは注目される。一八世紀中期には、すでに農馬の所持・利用がすっかり定着していたこと、そして、百姓と彼らの家業である農業において、馬が欠かすことのできない大切な存在であることを、藩主も強く認識していたことが知られる。

さらに、「雑書」明和八年（一七七一）一二月一七日条には、

一、
在々に於て火事これ有る節、家材（財）等に相拘り居り候哉、近き頃に至り牛馬余計焼死に及び候事これ有り候、先年も仰せ付けられ候通り、格別の生類に候間、隣家これ有る村は申すに及ばず、近郷の者駆け付け、猶又添心致す等も此れ以後牛馬焼死に及び申さざる様仕るべく候、向後牛馬数疋焼死に及び候わば、御吟味の上御沙汰に及ばるべく候条、此の旨御百姓共へ具《つぶさ》に申し渡し候様仰せ付けらる

諸御代官

とあり、「格別の生類」である牛馬を複数頭焼死させた場合、厳しく吟味し沙汰する旨が百姓に伝えられている。ここでは「数疋」焼死することが想定されており、農民が馬を複数頭所持することがそう珍しいことではなかったことがわかるが、その馬は、火事の際に、隣家のみならず隣郷の者までもが駆け付けて助けるべき存在とされているのである。

火事をめぐるふたつの記事と同じような法令の内容は、寛政四年（一七九二）閏二月、享和三年（一八〇三）四月にも出されている。火事の際、財宝（家財）を守ることを第一に考えてしまう人々の気持ちもよく理解できるが、しかしだからといって、日頃から生業である農業にその「尽力を得」ており、「火災等の節は人力にこれ無く候えば助かり候儀も相成らず候」（「雑書」）という馬を見捨てることは、許されない行為だったのである。

図19　南部曲家（岩手県立博物館提供）

ちなみに、人馬がひとつ屋根の下で暮らす南部《なんぶ》曲《まがり》家《や》は、領民の愛馬精神の現れとして広く紹介される独特の民家の造りだが、現在最も古いものと確認されているものが、一八世紀中期の宝暦年間（一七五一〜六四）に建築されたものであると推定されている（『北の馬文化』岩手県立博物館）。いま紹介した一八世紀中期の火事をめぐるふたつの記事とあわせて考えると、この時期の「人馬」の距離が、より一層身近なものとなっていたことがわかるだろう。

一軒あたりの所持頭数

では、一軒あたりの馬の所持頭数はどのくらいだったのだろうか。実態に即した数値を得るために、宝暦年間の「雑書」に記された火事の記事で焼死した馬数をみてみることにしよう。

火事の記事を拾いあげてみると、百姓の家六五軒が焼失し、その火事で一五三頭焼死しているから、一軒平均二・四頭という数値が得られる。しかも、この記事のなかに、宝暦

二年（一七五二）一〇月一八日条だが、

一、花輪御代官鍋倉新田御蔵入水呑百姓与五右衛門家、去る廿四日自火にて焼失、馬一疋焼死候由、尤も手廻怪我これ無き旨、与五右衛門、五人組預け申し付け候段、御代官これを訴える

とあって、水呑百姓与五右衛門の家一軒と彼が所持していた一頭の焼死馬が含まれている。水呑百姓のなかにも、こうして馬を所持している者がいたのである。

　このように一軒平均二・四頭という数値を得たが、これは焼死した頭数であって、助かった頭数も考え合わせると、これを上まわる頭数を所持していた実態がみえてこよう。実際、「雑書」には、農民が複数頭所持していることがわかる記事が多くみられ、なかには五頭以上、一〇頭以上所持する農民も散見されるし、先に紹介した百姓助七が二四頭所持していた事例もある（管見の限りもっとも多い）。

しかし、例えば、寛政七年（一七九五）二月一七日条をみると、

一、七戸御代官所南川目通小川原村弥右衛門家壱軒、焼死馬三疋、去る朔日夜八時、自火にて焼失仕る、尤も弥右衛門儀、牛馬所持仕らず、親類・懇意の者より厩立て繋ぎ居り候処焼死馬に相成り、人には怪我御座無し（以下略）

とあって、弥右衛門は自身で牛馬を所持しておらず、親類や懇意の者から馬を借りて厩を建て、そこで飼育して利用していたのである。こうした百姓も多かったことだろう。

つまり、平均値程度の頭数の馬が領内すべての家にまんべんなくいたとみるよりも、先に紹介した百姓助七の二四頭や西徳田村の肝煎徳次郎の九頭のように、馬を多く所持できる農民層がいる一方で、馬を持つことが困難な農民層も存在したのであり、この両者間で、すでに指摘されている「馬小作」（森、一九八七）などの方法によって、貸し借りが広く行われていたというのが実態だろう。馬を借りて飼育する側は、飼料を賄わなければならないが、耕作や運搬において馬を使役でき、肥料となる厩肥も得られるメリットがある。

そして、米沢藩からの馬の飼育に関する問い合わせに対する回答のなかに、「粟《あわ》・稗《ひえ》・大豆等多く作り出し候民は、其のから・糠等を飼料に用い候故、馬も多く持ち立て候」「稲過に耕し候場処は、至て馬不足に御座候」（『青森県史』資料編）とあるように、馬の飼育頭数には地域差がみられたことも指摘しておきたい。

いずれにしても、こうして平均値をみただけでも、他藩に比べて盛岡藩領の農馬頭数の多さは明らかだろう。

人馬のかかわりと自然環境

馬喰と馬医という存在

馬喰のネットワーク

南部馬は馬の売買を生業とする馬喰《ばくろう》により、広く関東にも流通していた。馬の流通に関しては、詳しい研究があまりない。そうしたなかで白川部達夫氏は、幕末に常陸国河内郡宮渕《みやぶち》村（現茨城県龍ヶ崎市）の五郎左衛門家が馬喰渡世に乗り出した事例を紹介しているが、その背景には、商品流通・輸送の拡大による農馬需要の高まりがあり、奥州から直買した馬を新利根川周辺の農村へ販売していたという（白川部、一九九三）。ただし、奥州からの購入実態については不明とする。

その馬喰たちの実態について詳しくわかる史料を、相原康二氏にご教示いただいた。天保四年（一八三三）のものであるが、「胤馬《たねうま》代金幷往返道中記」をみると、日光奉行所の命により父馬（種馬）を購入するため、上草久《かみくさぎゅう》村（現栃木県鹿沼市）の名主見習であった福田弥吾八が一月に奥州筋へと派遣されたが、彼は、関東と東北を頻繁に往来する馬喰や、地域の有力な馬喰らの口利き・差配でもって馬の購入をしている。馬喰たちの定宿も紹介されており、馬喰の広範なネットワークが、馬の流通を支えていたことがうかがえて興味深い。詳しく紹介しよう。

図20　仙台馬市（「日本山海名物図会」国立公文書館所蔵）

　弥吾八は、盛岡藩領で南部馬を見分し購入したかったが、いまだ寒気が強く「疲馬《つかれうま》」となっていることから願い叶わず、仙台藩領で馬を調えている。まずは「仙台領一の駒場」で馬喰が数百人もいる岩沼を訪れているが、この地は仙台藩の馬市が開かれた場所で、「関東方へ駒売り出す所也」とあるように、武蔵や相模など関東の馬喰も多く集まっていた。

　その後、仙台城下で馬市が開かれる国分町の若井屋十右衛門宅を旅宿として逗留しているが、この若井屋は、これから訪ねる目的地の岩谷堂《いわやどう》の馬喰たちが定宿としてもいたから、馬の情報が得られるだろうとの思惑があった。実際に、十右衛門からは、岩谷堂の馬喰高橋屋伊作を紹介され、手紙をしたためてもらっている。また、十右衛門の仕入れの馬ということにして岩谷堂から購入した馬を国分町に送ると「脇方の聞こえ」も問題ないとして、便宜をはかってもらっている。

女馬喰の玉之助

その仙台で弥吾八が出会った馬喰に玉之助がいる。馬の売買に携わる馬喰は、大きな馬を御する必要もあり、勇ましく荒々しいところがあり、時に盛岡藩では、馬喰渡世の者たちに対し、毛疵を押し隠し拵《こしら》えて販売するような「非分」をせず、「我儘」「疎略」「不埒」「麁末《そまつ》の仕方」をしないよう命じてもいるほどだが（「雑書」寛政八年〈一七九六〉九月二九日条）、そんな男たちのなかにあって、玉之助は「女馬喰」であった。

この玉之助は、仙台藩領胆沢《いさわ》郡柳田村（現岩手県奥州市）の者で、人柄については「実体なる者」と評価されている。彼女は馬の商売で関東にも足を運んでいた。男の馬喰たちにも認められる存在だったことがわかるが、しかし、馬喰渡世を営む上では、女性名ではなく、男性名の「玉之助」を使用していることは注目されよう。

弥吾八は、仙台で玉之助と一度別れて塩釜《しおがま》神社（現宮城県塩竈市）に立ち寄り神馬をみて、「日本随一の風景」とされる松島（現宮城県松島町）の五大堂を参詣するなどして、水《みず》沢宿《さわしゆく》（現岩手県奥州市）に至ると玉之助と合流し、馬市が開かれる岩谷堂にやって来ている（岩谷堂の馬市開催は八月）。

岩谷堂では、十右衛門に紹介された高橋屋伊作のところに止宿し馬を見分したが、伊作は「仙台の馬喰の中にも壱弐の人」で「随分人気も能く、人々にも用いられ」ていた評判の馬喰だった。彼も、しばしば関東に出かけていたという。弥吾八は、岩谷堂で一八頭の馬を購入している。一頭あたりの価格は、五両二分から八両だった。

弥吾八は、帰路につく水沢宿で玉之助と別れた後、平泉の中尊寺に参詣して光堂（金色堂）を訪れ、多賀城（現宮城県多賀城市）では壺碑《つぼのいしぶみ》をみるなどして岩沼に到着、そこで九頭の馬を購入している。価格は岩谷堂と同じ五両二分から八両だった。父馬を買い揃えた弥吾八は、日光へと帰っていった。

ちなみに、岩谷堂の馬市には盛岡藩領の馬喰が南部馬を牽《ひ》いて来て取引したから、ここから南部馬は岩谷堂の馬喰らによって仙台・岩沼の馬市に運ばれ、仙台藩領産の馬とあわせて「仙台馬」となって広く関東に流通していたという。玉之助もまた、南部馬・仙台馬を関東に流通させていた馬喰のひとりであった。

馬への関心

そうした馬喰らが流通させていた馬を購入していたと考えられる千葉県旭市（旧干潟町《ひかたまち》）の金杉家に残る文書には、「百姓用馬心得」がある。これは、子孫に対し良い馬の選び方や馬の病気などについて、図解を入れて説明したものであるが、そこには、「股ハ内肉有りて太く大いなるがよし、南部出の馬は股太し見覚えるべし」とみえる（鈴木、二〇〇五）。南部馬が農馬としても優れていることは、関東の農民のあいだでも知られていたのである。

馬の病気とその治療法・薬用についても百姓たちの関心は高く、先の弥吾八の「胤馬代金幷往返道中記」には、「馬瘡毒の時薬用」「馬瘡に附薬」「袋瘡の療治」「馬小便不通の節薬用」「毒虫の類にて馬顔はれ候節の薬用」「馬瘡の妙薬」「馬の足にひびきれ候時の附薬」「馬足砂喰の療治」「砂喰の妙薬」などが記されている。村の馬医や馬喰をしていた者などから情報を得たものだった。

なかには、鶏の糞、犬の糞、たばこの脂《やに》を酢に溶いた「馬の足にひびきれ候時の附薬」があり、「余程しみいたむ」とみえ、その材料から効能をつい疑いたくなるものもある。しかしこうしたものは、知識と経験を積んだ馬医や馬喰の知恵の結晶でもあった。

馬と猿、そして神馬

もちろん、藩にも馬医がいて「御馬」に治療を施していたが、藩の厩には馬の守護神とされる猿が飼われており（「内史略《ないしりやく》」によると、安政元年〈一八五四〉には三頭のうち二頭を放つ）、「雑書」に収録されている藩の宗門人別改《しゅうもんにんべつあらため》からは、芸能民の猿引《さるひき》の存在が確認される。藩の厩で病馬が多い時には祈禱が行われたし、馬の神である御駒蒼前《そうぜん》の宮も勧化・建立されている（元文四年〈一七三九〉五月七日条）。神威《しんい》によって馬を守ろうともしていたのである。

図21　鬼越蒼前神社

先に紹介したように、蒼前参りがチャグチャグ馬コの起源とされているし、洋馬の「春砂」が馬頭観音《ばとうかんのん》として祀られ人馬が参詣した。また、猿引が芸能を披露したように、百姓たちも馬の無病息災を神に祈っていた。

なお、盛岡藩の猿引については、残念ながら詳しいことはわかっていないが、加賀藩の猿引について紹介した武井弘一氏は、馬を中心に据えて、武士・

百姓・猿引が密接に結びついていたことを明らかにしている。さらには、その三者の関係を越えた、馬を介した社会的ネットワークの存在とその広がりを見通している（武井、二〇一三）。

馬産地である盛岡藩においても、馬産奨励策と駒形《こまがた》信仰・蒼前信仰との関係が深い御駒太夫を頭とする芸能集団「七軒丁」がおり、藩の庇護のもと領内の芸能興行権に大きく関与していたから（門屋、一九九〇）、こうした芸能民も含めて、盛岡藩における人馬の関係を描くことが今後の課題となろう。

こうした一方で、寺社が神馬とそれが帯びた「御威光」を利用している事例も紹介しよう。「雑書」享保八年（一七二三）五月二五日条であるが、

大勝寺願い上げ候趣、岩鷲山《がんじゆさん》（岩手山）御祭礼の節、往古より五月廿七日に御祈禱の為、御神馬柳沢迄御馬責《うまぜめ》附け御上げ成され候故、御代参御同然の儀、御神馬相待ち御湯立御祈禱修行仕り来たり候処、去々年より御太刀馬代にて盛岡寺迄御上げ成され候、御代々御神馬御上げ成され候事、諸参詣のものも見請け、御祭礼御威光にて賑わい申し候、御馬代にて遣わされ御同然の御事には御座候え共、御祭礼飾り、御先代よりの御格例、参詣の見分旁、如何様の御馬成り共柳沢迄御牽かせ下され候様、寺社御奉行

迄書付を以て申し上げ候、これにより願いの通り、向後御神馬遣わさるべき旨仰せ出さる、

とあり、大勝寺は、城下盛岡の寺に「馬代」（馬の替わりのお金）を献じるのではなく、祭礼が行われている柳沢に神馬を牽いて来て献じてほしいと願い出ている。「御威光」を帯びた神馬が祭礼を飾り、賑わわしにもなっていた。群衆する参詣の者たちも、神馬を神々しくみていた様子がうかがえよう。八戸の櫛引八幡宮《くしひきはちまんぐう》の祭礼では、毎年流鏑馬《やぶさめ》が奉納されていたが、これも神事というだけではなく、祭礼を飾り多くの参詣者を惹きつける、賑わわしにもなっていたことだろう。

神馬ではないが、僧侶が藩から「御伝馬《てんま》」を借りて乗り、その「御威光」を利用してもいた。「雑書」安永六年（一七七七）一月二六日条をみると、東顕寺《とうけんじ》が本堂建立のため、末寺や法縁の寺院、檀中に「助力」を求めて廻る際、「御伝馬にて相廻り候えば、御威光を以て右相談も早俄《はか》取り申すべく候」として、「御伝馬弐疋、駕籠夫共に拝借」することを願い出て認められている。「御威光」を持ち上げて「御伝馬」を借り受けできるようにする意図もあろうが、「御伝馬」の帯びる「御威光」には、相手に相談を聞き入れてもらえるようにさせる効果が期待されていたのだった。

「馬薬」については、藩でも用いられていた。先に紹介した記事のなかでは、藩主南部利視《としみ》が馬医たちの調薬技術の不足を指摘していたが、藩の馬医には、「馬薬」に関する知識を蓄え、調薬技術を磨き、御馬を治療することが求められていた。

盛岡藩の馬薬と馬の胆

寛政四年（一七九二）の例だが、馬医の中嶋宇太多は、江戸で「馬医道」の稽古を積んだ「馬医道師匠」の石井文平（はじめ佐蔵・勘右衛門）に稽古を付けてもらおうと、「日数百日程」の「御暇」を願い出ている（「雑書」七月二八日条）。師匠である文平は、江戸で牢人の菊池宗太夫から「馬医術稽古」を施されていたという（「雑書」天明二年〈一七八二〉六月朔日条）。馬医たちが、馬に関する最新の知識・治療の技術の獲得に努めていた様子がうかがえよう。

ところで、「雑書」の元文年間（一七三六～四一）の記事によると、「馬薬御用」として「鳥討」や「鉄炮討」が派遣されている。残念ながら、どの鳥がどのような形で「馬薬」の材料になるのか、わからない。元禄年間（一六八八～一七〇四）に「御馬御用鴇《とき》四羽」が討ち上げられていることが、あるいは関係しているかもしれない（元禄三年〈一六九〇〉六月七日条）。鴇肉は食用とされ、薬用にもなったという（『古事類苑』）。「鉄炮討」は閉伊《へい》に派遣されているから、この場合は鳥ではなく、閉伊の山に多かった鹿の可能性もある。今後の検討課題である。

なお、八戸藩では、「御馬薬御入用に雉子《きじ》女鳥七羽」(「八戸藩日記」寛文五年〈一六六五〉一二月一二日条『八戸市史』史料編)、「御馬乗御用ときとり(鴇鳥)御討たせ」(同延宝三年〈一六七五〉四月晦日条)とみえるから、馬薬に「雉子女鳥」(雌の雉)が使われることがわかるし、鴇のほうは羽根が馬の飾りなどに用いられたものとも考えられよう。

また、これとは反対に、馬の胆《い》が薬として人に服用されていたようであり、「芦毛馬《あしげ》の胆」を所持している者に献上を求め、無い場合は芦毛の死馬から胆を取り出すように、郡代や諸代官へ命じている(「雑書」享保一四年〈一七二九〉五月一八日条)。盛岡藩は熊皮と熊胆が有名で、弘前藩では熊胆を馬薬にも使用していたが(「御国日記」弘前市立弘前図書館所蔵)、管見の限り「芦毛馬の胆御用」の記事はこのひとつしかみていないから、詳細は不明である。こちらも今後の検討課題としたい。

馬と牛のいる風景

ここで少し話を変えて、「雑書」のなかから、日常のなかで発生した馬が関係する事件を紹介したい。

火事場の馬

動物のなかでも馬は人と寄り添って生きたから、一緒に災難に巻き込まれることも多かった。例えば、地震や津波、洪水、落雷で人馬ともに亡くなったりしているし、火事で亡くなることも多かった。そのようななかで、明和元年（一七六四）閏一二月九日条には、

一、　沼宮内御代官所田頭《でんどう》村の内やつとくへの御蔵百姓　三平
　　　　同人甥添人　万右衛門

右は、隣家喜平治居宅出火の砌《みぎり》、両人駆け着け厩へ駆け入り、世話仕り居り候内、

軒走り駆け出し兼ね相果て候旨、御代官末書を以て訴え出る

とあり、厩へ駆け込み、馬の綱を解いて放とうとした百姓三平・万右衛門が逃げ遅れて、喜平治の持馬一頭とともに焼死している。先に紹介したように「財宝」（家財）に目が眩み馬を助けない者がいるとされているなかで、この二人の行動は勇敢であったが、残念な結果となった。百姓にとって、馬は家業である農業に重要な役割を果たしており、「家財」同然でもあったのだ。

なお、馬はただ放つだけでは駄目で、天明三年（一七八三）五月一二日条に、

一、沼宮内御代官所の内一方井村三十郎家、自火にて去る十日焼失、持馬壱疋はつ縄切り放ち候え共、火に迷い駆け込み焼死の旨、御代官末書を以てこれを訴える（以下略）

とあるように、驚き逃げまわって、時に火のなかに駆け込んで焼死してしまう場合もあるし、それに人が引き込まれて「半死」状態になることもあった（延宝五年〈一六七七〉）。うまく逃げても、山へ駆け入り狼の獲物になってしまうこともある（宝永元年〈一七〇四〉）。また、火事場のどさくさに紛れて盗まれてしまうこともあるから、注意が必要であった。

図22　盛岡船橋（「盛岡八景」もりおか歴史文化館所蔵）

渡船が転覆し溺死

渡し船には人ばかりでなく馬も乗り込んでいたが、それが転覆すると、怪我や溺死する多くの人馬を出した。天和元年（一六八二）の事例では、「市帰りの者共乗り申す船、込み《（混み）》申し候て死に申す者」として、一四人の男女と馬一頭が溺死している。安永元年（一七七二）の場合も、八戸の市に向かう途中の渡し船に「人馬一所に大勢乗り合」うと、「水船」（浸水した船）となり、盛岡・八戸両藩領の人馬が怪我をしたり溺死したりするなどした。盛岡藩側では、百姓平七と万太の二人と鹿毛《かげ》駄八歳の馬一頭が溺死し、女性一人が引き上げられて助かった。

江戸時代の馬術にも水馬《すいば》として取り入れられていたように、馬は泳ぐこともできるが、突然の混乱状況では、その泳ぎの技を発揮することはできなかっただろう。

危険な馬

盛岡の城下では、人が馬に命を奪われそうになる事件も起きている。天明二年（一七八二）三月一七日条によると、七〇歳になる姉帯《あねたい》村（現岩手県一戸町）出生の勘平が、北上川《きたかみがわ》に架かる「船橋」を渡っていたところ、馬にあたられ川へ落ちてしまった。すぐに引き上げられて助かった勘平だが、尋問を受けたところ、不幸な境遇が明らかになった。

勘平は、「兄弟妻子も死に果て」て、自身も「手足不自由」になり、「近郷流浪」していたところ、ある時「死にかけ」たのを機に、伊勢参宮を志すようになり、城下に出て来たはいいが、夜は神社の軒下で凌《しの》ぐあり様だったという。そして、城下をさまよい船橋を渡っていたところ、馬にあたられ川へ落ち、再び死にかけたのだから、不幸が多い人生である。結局、勘平は「所縁の者もこれ無」き姉帯村へ戻されたが、縁者がいない故郷を背にして城下に出てきた勘平にとって、姉帯村までの道中、どんな思いだっただろう。

勘平は命こそ助かったが、馬に殺されてしまう人もいた。安永元年（一七七二）六月八日条によると、炊き木の春木売りの菊松が誤って馬を驚かせてしまい、七八歳になる久太が、駆ける馬に踏まれて頭を切り、養生の甲斐なく亡くなってしまった。高齢の久太が、素早く逃げることは難しかったのだろう。

この事件は「内済《ないさい》」、つまり話し合いによって解決がはかられている。菊松の過失ではあるが、馬が驚いて駆け出し起こったもので、処罰には及ばなかったのである。人馬が密集する城下では、こうした事件も時折みられたことだろう。

しかし、馬を制御しなくてよいということでは、勿論ない。享保一五年（一七三〇）には、百姓が馬を牽いて往来する際、「放馬《はなちうま》」の状態（「はつなわ」を放った状態）で往来しており、武士に対して「慮外」なことがしばしば起きているとして、「鼻綱」を牽いて通るように改めて指示を出しているし、翌年にも「頃日に至り又々おろそか」として、往来の者に「はなし馬」を禁止している。そして、享保一九年（一七三四）になっても「馬の口取」を放つことが禁止されているから、手綱を牽いての往来が定着していなかった様子がうかがえよう。しかし、こうした「放馬」の状態でも大丈夫だとする人間側の気の弛《ゆる》み（油断）が、馬による被害を生じさせることになったのであるから、「危険な馬」を生んだのは人であった。

馬の駆込祝儀

このように、馬が突然駆け出すことは危険をともなったが、俗信として、馬が家などに入り込むことは吉事とされていた（『馬とくらし』）。

例えば、盛岡城下においては、

一、弘化四丁未年正月元日、桜馬場《さくらばば》御厩より馬駆け出し、下の橋御門より御城へ欠《(駆)》け込み、御台所へ欠《(駆)》け入るに付、大いに御祝儀これ有り、桜馬場別当幷小者共へ酒・肴《さかな》等下し置かる、馬場中惣祝い仰せ付けらる、又嘉永三庚戌年正月元日、春木附くる馬欠《(駆)》け込み祝儀、駄賃付に下さる

とあり、弘化四年（一八四七）と嘉永三年（一八五〇）だから幕末の事例であるが、藩の厩から駆け出した「御馬」が、御城の台所へ駆け込んだことを「吉事」として祝儀が振舞われている（「内史略」）。こうしたハプニングは、城下で、町で、村で、時々みられたことだろう。

蝦夷地と南部馬

これまで、日常のなかに馬がいる風景を描いてきた。こうした風景は、決して盛岡藩に限ったものではなく、江戸時代のほかの城下や町・村、街道などでもみられたことだろう。しかし、こうした馬がいる風景が日常ではなかったところがある。それは北の大地である蝦夷地である。

実は、蝦夷地には馬がそう多くはいなかった。牛もほとんどいなかった。それが、やがて一八世紀末になると、蝦夷地にも馬が多くなって、馬のいる風景が日常となっていった。そこには、海を渡って北の大地で生きた南部の男馬と女馬が深くかかわっていたのである。

蝦夷地の南部馬に注目して、この点を紹介しよう。

蝦夷地の松前藩主松前氏は、盛岡藩主南部氏と親しい関係で、松前氏が参勤交代で国許と江戸を往復する際には、盛岡で丁重に迎え入れられていたが、江戸に向かう際には、松前氏の「無心」に応じて、盛岡藩から南部馬が贈られていた。馬が少なく良馬を確保することが困難な松前氏は、南部馬を手に入れて、江戸に向かっていたのである。

例えば、宝暦一一年（一七六一）には、松前氏が江戸へ参勤の途中、松前から牽いて来た馬が「長途草臥《くたび》れ」という状態だったことから、盛岡で「在所立」（盛岡藩領産、つまり南部馬）の「駒両疋」（黒鹿毛四歳四尺六寸、栗毛六歳四尺二寸）と、大豆・糠《ぬか》・秣《まぐさ》をそれぞれ五俵ずつ贈られている。松前氏が所有する馬と、南部馬との質の差が知られよう。江戸に行くからには、それ相応の馬で向かいたかったのだろう。松前氏からは、馬の好みが伝えられることもあった。

南部馬を持て余す松前氏

しかし、国許の松前では、はじめのうちは、あまり馬を必要としなかったようである。「雑書」貞享二年（一六八五）三月一六日条によると、次のようなことがあった。

江戸から盛岡へやって来た松前藩主の松前矩広《まつまえのりひろ》は、前年、盛岡藩主嫡子の南部行信《ゆきのぶ》から贈られた馬二頭のうち、江戸で弟に一頭与えたが、さらに江戸で藩主南部重信《しげのぶ》から一頭贈られたので、松前への道中、二頭の南部馬を牽いてやって来た。そうしたところ、矩広は、

在所にては馬数入り申さず候間、重ねて参府の時分は御馬御無心申し上げる儀もこれ有るべく候、去年下され候青黒星五才、御当地にて御返進なされたき由

との意向を盛岡藩の家老に伝えている。つまり、「松前では馬の数がそれほど必要ではないし、参府の際にはまた馬を無心することもあるだろうから、去年頂いた一頭はお返ししたい」と。家老は、矩広が遠慮して気を遣っているのだろうと考えて、「御無心されれば、疎意なことはせず、その際にも馬を贈りますから、この馬はどうぞ国許へお連れ下さい」と伝えたところ、さらに矩広からは、

馬数入用の儀御座無しと申し候えば勝手にて、御心易立て候仕合わせ如何わしく存じ候え共、右の御馬は御返進成されたしと仰せられ候

とあって、「馬の数は必要ないと言っては、こちらの都合で勝手な物言いで、親しい関係がどうなることかと不安に思うところもあるが、やはり頂いた馬はお返ししたい」と再度伝えられたので、盛岡藩側は仕方なく馬を受け取ることにしている。

松前氏が、江戸へ向かう際には必要でも、国許の蝦夷地では南部馬を持て余していた様

子がうかがえる。

蝦夷地に渡った南部の男馬・女馬

このような蝦夷地と松前氏だったが、菊池勇夫氏の研究によると、一九世紀に入った文化年間（一八〇四〜一八）には、松前・江差《えさし》の周辺に相当数の馬が存在していた。その馬は、松前城下に販売する薪《まき》や炭などを運搬するために使われていたが、人や荷を積んで賃銭を稼ぐことを専業とする人々も所持していたようだ。もちろん、そうした馬ばかりでなく、松前藩主とその家臣の馬となり、また、伝馬制を支えていた馬も当然いた。享保年間（一七一六〜三六）には、乗馬に使うほどの馬はなく、南部馬・仙台馬を購入していたが、一八世紀末には、良馬を産するようになり、「当地に産するもの駿足多し、南部・仙台の産にもまされり」と評価されるような馬も出るようになったという（菊池、二〇〇六）。

享保四年（一七一九）、盛岡藩の馬方役人である佐羽内仁兵衛の弟与太夫が、藩主松前矩広の求めによって松前藩の馬責として召し抱えられている（「雑書」四月一二日条）。海を渡った与太夫が、その後の松前藩の馬産に寄与した可能性は大きい。

このように、一八世紀末には馬が多くなり良馬を産するようになっていたが、さらに大きな契機となったのが、文化二年（一八〇五）、父馬・駄馬（母駄）が放たれてウス（有珠）・アフタ（虻田）牧が開設され、その後、蝦夷地にも馬市が立ったことによる。その牧に母駄として放たれたのが、南部の女馬九頭であった。

この九頭は、盛岡藩領の下北半島から渡海して箱館を経由し、北の大地に放たれていた。その後も、南部の女馬が母駄として買い上げられている（『日本馬政史』）。海を渡った女馬たちは、蝦夷地で母駄として過ごし、そこで一生を終えたことだろう。

父馬については、幕府の「御厩」から下げ渡された「御馬」であったというから、南部馬や仙台馬であった可能性は高いし、幕府の「御馬」と盛岡藩が献上した馬だとする記録もある（『日本馬政史』）。南部の男馬にも、海を渡り蝦夷地の牧で父馬として一生を過ごしたものがいたのである。

もっとも、ロシアの接近にともない、寛政年間（一七八九～一八〇一）に弘前・盛岡両藩が東蝦夷地の警衛を命じられ、享和年間（一八〇一～〇四）には蝦夷地奉行（箱館奉行、さらに松前奉行に改称）が設置されて東蝦夷地が幕府直轄地となり、文化年間（一八〇四～一八）には西蝦夷地も幕府直轄地となったように、近世後期の対外的危機の高まりによって、これまで以上に、本州と蝦夷地を多くの人々が往来したから、一八世紀末には、軍馬や乗馬として、また、荷馬として、多くの馬が人とともに蝦夷地に渡っていたのである。

江戸から蝦夷地への道中、南部馬を調える者もいた。

南部馬を無心する松前章広

ちなみに、南部馬を持て余していた藩主矩広の事例を先に紹介したが、寛政四年（一七九二）に藩主に就任した松前章広《あきひろ》は、同六年に秘蔵の南部馬が死に馬不足であることから、盛岡藩に馬を無心している。その際、「嶋国の事故、外に保養の節もこれ無く、父子共に馬好きに御座候間、朝暮手入れのみを楽しみに仕り候儀に御座候、相成るべくは肝強の御馬頂戴仕りたき内存」を伝えており、盛岡藩からは木崎野《きさきの》の馬が贈られた。

翌年にも章広の父で隠居の松前道広《みちひろ》から馬の無心が盛岡藩に伝えられているが（「雑書」）、一八世紀末以降の蝦夷地における馬の広がりには、「馬好き」な松前藩主父子の影響も少なからずあったのかもしれない。

蝦夷地の馬

では、蝦夷地の馬はどのような飼育環境にあったのだろうか。天保四年（一八三三）、元は乗馬商人で、越後・会津・南部の土地に詳しく、馬にも通じていた仙台城下国分町若井屋の隠居が、次のように述べている（「胤馬代金幷往返道中記」）。

近年松前に馬多く出来候儀は、先年廿三四年以前に相成り候哉、松前御奉行御支配に相成り候節、荷物運送陸地不弁理《(便利)》に付、時の御奉行思し召しを以て、女馬六十疋御買い上げ遊ばさる、右馬不用の節は野に放し置き候処、此の馬を以て子を取り候わば宜《よろ》しき哉、御達し申し上げ、尚又南部より父馬御買い入れに成り、子を取り始め、其の後にいたり段々増長し、只今に相成り候ては広太の事の由

天保四年（一八三三）から二三、四年以前というから文化年間（一八〇四～一八）のことになるが、あるいは、『日本馬政史』には、

又先達て出立の官吏ども南部に於て馬六十疋を買い上げ来たり、場所々々に畜い置いて日用を弁ぜしむ、此の牛馬廻りたる時、蝦夷人は初めて見るが故に、驚き恐れて近寄るものなし、後には使い馴れて悦ぶ事限りなし、此のもの年々子を生じ、今蝦夷地にてみちみちたり

と寛政一一年（一七九九）の記事があげられており、馬の数も一致するから、同年のことを記憶違いしている可能性もある。いずれにしても、蝦夷地警衛の関係で荷馬が求められ、南部の女馬が蝦夷地に渡ったが、そこでは野に放して飼育されていた。そして、南部の男馬を父馬として導入したことでしだいに仔馬を産出するようになり、蝦夷地にも馬が多くなった状況を述べている。アイヌが馬に不馴れで驚いていたが、やがて使い馴れて悦んで

いるという事実も興味深い。

菊池勇夫氏が紹介する史料でも、蝦夷地の馬は放し飼いにされており、作物が踏み付けられたり食われたりして被害が出ていたことがわかる。畑作に被害が出ても馬を飼わなければならなかったところに、一九世紀はじめの松前周辺においても、馬優先の村が成り立っていたことが知られるのである（菊池、二〇〇六）。

南部牛

ここで少し馬から離れて、盛岡藩領の牛についても紹介しよう。西国のように、牛がいる風景が日常だった地域もあったのである。

盛岡藩においては「南部牛」が活躍した地域もあった。しかし、享保八年（一七二三）、幕府に対して藩が、「余国と違い、南部には惣じて牛少なく、百姓共も牛は用い申さず候」（「雑書」）と伝えているように、その地域は限られていた。

確かにそうではあったが、尾去沢《おさりざわ》銅山から野辺地《のへじ》湊へ銅を運ぶルートや、沿岸から北上山地を越えて塩や肴、鉄を盛岡城下へ運び、帰りに米や生活物資を運ぶルート（塩の道）など、山間部で物資を運ぶ場合は牛が重宝された。牛は山道にも堪えたし、一人で扱える頭数も、馬が三頭に対して牛は六頭まで認められていたから（前川家文書「寛政九年〈一七九七〉七月仰渡」中央水産研究所所蔵）、物資輸送の面でも利点があった。岩手を代表する民謡に、「南部牛方節」があるが、まさに山間部を越えて物資を運ぶ牛方が、江戸時代から唄い、今に受け継がれているものである。

ただし、そうはいっても沿岸から内陸の盛岡城下に来るのは容易ではなかった。特に冬は危険で、沿岸の閉伊から「肴荷」を運んで来た牛方一〇人と牛三二頭は、「雪風」に遭い、盛岡を目前にして、牛方一人、牛三一頭が亡くなっている。また、牛は力が強かったから、油断すると、薪売りの百姓助七などは、「牛に引き廻され」て亡くなってもいるのである（「雑書」）。

図23　南部牛追いの図（「尾去沢金山屏風絵」個人蔵）

この南部牛であるが、東日本において広く関東・甲信越まで流通しており（市川、一九八四）、他領の牛買が不法に入り込むなどしていた。早い例では、正保三年（一六四六）に信濃国松本の金右衛門が、奥郡（盛岡以北）で牛四二頭を買い調え、秋田から抜け出ようとして捕らえられたが、金右衛門は松本藩主水野氏のもとへ返されている（「雑書」）。南部馬ばかりでなく南部牛でも盛岡藩は知られていたのである。

牛殺し

牛そのものに価値があったが、牛の皮にも需要があり、藩は皮の不法移出を取り締まっていたが、寛保三年（一七四三）にはこんな事件が起きている（「雑書」）。

盛岡藩領花輪《はなわ》（現秋田県鹿角《かづの》市）の半平は牛を殺し、その皮を江戸に持参し売り払って戻って来ると、牛殺しの詮議が厳しいので、再び江戸に出ていった。すると、半平が増上寺片門前で雪駄見世を出しているのを見かけた者がいて報告があったので、幕府の寺社奉行と江戸の町奉行に了解を得た上で、徒目付《かちめつけ》と同心らを派遣して半平を捕らえた。結果、半平は討首となっているが、世間は狭いものである。雪駄には牛皮が使われるものもあるから、半平は牛皮の密売先を確保した上で、牛殺しという犯罪に及んだのだろう。

牛皮の利用

ところで、盛岡藩における牛皮の利用の実態については、詳しいことはわかっていない。ただ、享保年間（一七一六～三六）には、代官所で買い取られた牛皮と熊皮が、諸鳥の羽とともに藩の賄所をへて武具所に集められており（「内史略」）、また、安永六年（一七七七）には、騎馬具足を「綴じ直し」する際に「漆幷牛皮・

起炭」が必要とされていたから、武具には牛皮が必要とされ、実際に利用されていたことが確認できる（「雑書」）。

「雑書」に登場する「牛皮」の早い例は、寛文元年（一六六一）九月二六日条で、藩主南部重直《しげなお》が鷹狩に出掛けていた八戸から、時太鼓を張り替えるための「牛皮弐枚」が盛岡に送られてきて、早々に鞣《なめ》しを施させた上で、出来次第、太鼓を張り替える者に持参させるよう指示が届いている記事である。太鼓にも牛皮が使われていたのである。

ちなみに、いまの記事からは、牛皮を鞣す技術をもっていたことが確認できるが、それは、牛皮を板目皮《いためがわ》（裏肉と毛を除去し、板張りして天日に干す）にすることか、板のように硬い干皮に加工を施すことをいうのだろう。この頃、藩では仕留めた鹿の皮を城の台所に「張り置かせ」ていたから（承応三年〈一六五四〉）、牛皮もそのようにされていたのだろう。この板目皮は、武具や太鼓に用いられた（のび、二〇〇九）。

牛皮の鞣し技術

なお、この鞣しの技術に大きな変化がもたらされるのは、一〇〇年以上たった安永年間（一七七二〜八一）のことであった。安永九年（一七八〇）に武具奉行が申し出るには、「牛毛皮」が「武具御用」のために年々納められているが、「板鞣し」ばかりで「銀鞣し」を心得ている者がいないので、安永六年（一七七七）に武具革細工師である幸右衛門を召し抱え鞣しの指導をさせていたが、皮から「塩気」を十分に抜くことができず細工し難いので、江戸の師家馬具師の孫兵衛のもとで稽古をさせて、「銀鞣し」の技術を学ばせたい、この技術があれば、細工御用にかかる費用は抑えられ、御用細工ばかりでなく「下細工」においても皮の流通が良くなるほか、鞣し職人に「銀鞣し」の技術を習わせれば「御国益」にもなるということだった（「雑書」）。

武具奉行の申し出は許可され、幸右衛門と鞣し職人の者たちは江戸で稽古をすることになるが、「板鞣し」とは、板目皮にすることを指しているものと思われる。また、「銀鞣し」とは、銀面鞣しのことで、「銀面」は毛側の皮表面（毛を抜き取った皮の表面）を指す。毛を抜き取る過程で銀面を損傷させてしまう、あるいは、板目皮でも裏肉ばかりでなく銀面も削ぎ剝ぐ方法があったから（のび、二〇〇九）、「銀鞣し」とは、銀面を保護して鞣しを行うことを指すと思われる。板鞣しより銀鞣しの方法が高度で、付加価値があったのだろう。

ただ、せっかく稽古をさせた幸右衛門が、天明元年（一七八一）に江戸で欠落《かけおち》してしまったから（「雑書」）、この「銀鞣し」が、この江戸稽古を機にすぐに定着したかは定かではない。残念な話である。

角・爪の利用

牛は角や爪にも需要があり、細工が施されて武具や工芸品となった。天明七年（一七八七）、盛岡城下石町の権右衛門が「死牛角」の払い下げを藩に願い出ているが、価格は質によって異なり、上角三二文、中角二四文、下角二〇文であった（「雑書」）。盛岡藩では、幕末の「海防御用」に、牛馬の皮や角・爪が使われてもいた（「内史略」）。ちなみに、江戸時代後期の畿内や鹿児島藩では、牛の毛や骨粉が肥料に使われていたという（のび、二〇〇九）。

さらに、白牛の油は薬として、江戸時代の人々に利用されていた。享保一七年（一七三二）、江戸内藤宿《ないとうじゆく》で象油と白牛油を販売することが許可されているが、それは、「疱瘡《ほうそう》・麻疹《ましん》・癰疔《ようちよう》、其の外難時の薬」で、「試し候処、効能もこれ有り」というものだった（「雑書」）。

牛乳を用いる

牛の利用法としてあわせて紹介しておきたいのが、盛岡藩三代藩主南部重直が、先に紹介した外交僧で盛岡に御預けになっていた博学の規伯玄《きはくげん》方《ぼう》の薦めもあって、慶安三年（一六五〇）に牛乳を用いていることである（「雑書」）。

牛乳は古代から飲まれたり、加工品が食べられたりしていたが、それは滋養強壮と薬用の効果を期待されてのことだった。ただし、日常の習慣として広まることはなかった。江戸時代に牛乳を用いたことで知られるのは、水戸黄門でお馴染みの徳川光圀や八代将軍の徳川吉宗であるが、重直は早い事例となる。重直は、なかなかに個性溢れる藩主だったようだが（拙稿、二〇〇七c）、好奇心も旺盛だったようだ。

このように、盛岡藩には南部馬ばかりでなく、南部牛もいる風景が広がっていた地域があったのであり、人々のなかに牛馬が溶けこんでいたのである。

人馬をとりまく多様な関係

これまでは、南部馬と盛岡藩領に生きた人々との関係を中心にみてきた。先にも紹介したように、広大な盛岡藩領には、実にたくさんの動物が生息していた。そこで以降は、人馬をとりまく環境、そして人馬とほかの動物たちとの接触についてみていきたい。

盛岡藩の森林資源の状態

まずは、人馬をとりまく環境に目を向けよう。盛岡藩には多くの動物と人間とを育む豊かな自然が広がっていた、とはじめに指摘した。しかし、人々の日々の営みや生産・商業活動などにおいては、多くの材木を必要としたから、一八世紀中期の元文年間（一七三六～四一）には、森林資源の枯渇が危惧される状況も生じていた（浪川、二〇〇九）。

例えば、元文六年（寛保元年、一七四一）五月、代官と山奉行に次のような指示が出されている（「雑書」五月四日条）。

先達て遠在共御覧遊ばされ候処、盛岡近所幷在々共に、諸御山殊の外諸木剪《き》り尽くし、末々御用木は申すに及ばず、薪《まき》・炭の用事も相弁え兼ね申すべしと、此の事御気の毒に思し召し候、此の末右懸の御山奉行は申すに及ばず、山守等迄随分心力を尽くし、御山林相立て候様仕るべく候、たとえ松・杉・諸雑木迄植え立て候て然るべき場所へは、銘々朝夕の暇にも心を付け、植え立て候様申し付くべく候、

一、諸木の内、薪・炭等に剪り取り候共、能《よ》き木を残し、悪木を剪り取り、或いは身木を残して枝を剪り取り候様、下々に至る迄心を付け申すべく候、勿論ねつこ掘り取り候ては若木立ち兼ね候様これ有るべく候間、此の儀急度《きっと》停止申し付くべき事、

一、毎年春に至り野火焼等これ有り、以ての外に思し召し候、御山奉行随分油断無く度々掛け廻り、勿論御山守常々油断無く見廻り、野火焼これ無き様急度申し付くべき事、

全文のうち前文と第一、二条を抜粋したものだが、盛岡城下近辺とその周辺の山々では、木が切り尽くされており、植林が求められていた。そして、若木が育つことができなくな

るので木の根を掘り取ること、毎年春に行われていた「野火焼」（野焼き）が禁止されていたことがわかる。

そして、こうした植林は、内陸だけではなく沿岸部にも求められていた。「雑書」元文元年（一七三六）一〇月七日条によると、宮古代官所（現岩手県宮古市）へ次のように指示が出されている。

図24　気仙沼湾と山々

一、海辺山林の儀、御山奉行申し談じ、立林漁のために相成り候様心懸け肝要に候条、御給人・御与力・刀差・船頭・水主幷惣百姓共、兼ねて心得居り候様、具《つぶさ》に申し渡し置かるべく候、右の趣前々より仰せ付け置かれ候え共、近年ゆるみもこれ有る様相聞き候間、自今以後堅く相守り候の様申し付けらるべく候、以上テレビなどでも紹介されているので、ご存知の方も多いと思うが、牡蠣《かき》の養殖で知られる気仙沼湾の豊かな環境を守るために、湾に注ぎ栄養を運び込む川とその上流の森の重要性に着目して、「森は海の恋人」という合い言葉のもと、室根山《むろねさん》や矢越山《やごしやま》（ともに現岩手県一関市）に植樹活動が行われている。まさに江戸時代にも、三陸沿岸の漁場保護のために、漁業を生業とする者ばかりでなく、武士・百姓にも「立林」（植林）が求められていたのである。

牧には野焼きが必要

森林資源と漁場を植林で回復・保護しようと試みられており、木々まで焼いてしまう春の野焼きが禁止されていたが、御馬の飼育環境である牧を維持するためには、この野焼きを行う必要があった。そうでなければ、たちまち雑木が生えて「立林同様」になった。例えば、寛政二年（一七九〇）の三崎野《みさきの》（藩の牧）についてみると、

近来野火相通し申さず候に付、柴幷小松茂り草生い宜しからず、御野馬立つ所も相見え申さず候に付、此の上両三年も其の通り差し置き候て立林同様相成り、御野馬食草もこれ無く相成り申すべし、其の節野火相通し候ては、諸木太り剪り払い等仕り候儀にては御百姓共迷惑仕るべく候間、来春雪消え候上、宜しき時節御代官へ申し談じ、

三戸より御馬責《うまぜめ》壱人差し遣わし差図仕らせ、焼き払い候様仕りたき旨（以下略）

とあり、しばらくの間「野火通し」（野焼き）をしなかった結果、馬の飼料となる草の成長が良くなく、雑木が生えて馬もよく見えないあり様となっていた（「雑書」）。

このように、「立林同様」になるまで、野焼きが行われていなかった理由について、菊池勇夫氏は、天明の飢饉の影響によって、牧の維持・管理にあたる人足役を確保できなかったのが一番の要因と推測している（菊池、二〇一二）。牧の維持・管理には、近村の領民が動員されており、野焼きの準備・実施から、広大な牧に放たれている馬の捕獲、馬の見廻り、馬が牧から出るのを防いだり狼から馬を守ったりするための土手や柵を築く作業、冬に牧から引き上げた馬の舎飼《しゃがい》など、その負担は決して軽いものではなかった。例えば、「雑書」寛政四年（一七九二）一一月二一日条をみると、

田名部《たなぶ》大間《おおま》・奥戸《おこっぺ》両御野父馬、草枯れの時節より翌春野放ち迄、大畑《おおはた》村・佐井《さい》村へ御預け飼い立て仰せ付けらる、大豆一日一疋一升宛の割合御渡し成され候処、一升にては肥立ち兼ね候に付、足し大豆・糠・秣《まぐさ》、両村より調え飼い立て迷惑仕り候に付、二升積もり御渡し下されたき旨願書、御代官幷御野馬掛玉懸数右衛門末書願い出、御勝手御役人共へ吟味を遂げさせ、願いの通りには仰せ付けられ難く候、今明年一升五

合飼いに仰せ付けらる、御用人中へこれを申し渡す

とあり、冬の期間、父馬の舎飼に際して、藩から大豆が一日一升分支給されていたが、それでは十分でなかったので、父馬を預かる村では、不足分を自前で調達して与えていたのである。こうした領民の負担が、南部の「御馬」を支えていた。そうであるから、飢饉で領民が困窮していれば、牧の維持・管理に手がまわらないのはもっともなことであった。

野焼きは、草の成長を促し、灰が土壌を良くし、灌木《かんぼく》の発生を抑え、山林・人家への延焼の防止にもなった。さらに、馬にとって有害なダニを除去する効果もあったという（『日本馬政史』）。もっとも、延焼防止のための野焼きが火災になってはもともこもないから、その実施には、延焼が発生しないよう細心の注意が払われていた（菊池、二〇一二）。

農地の確保だけでなく、馬の飼料となる秣や肥料となる刈敷《かりしき》、屋根を葺く萱《かや》などを確保するためにも、また、人々の食料となる山菜がよく生えるようにもなることから、早春には牧ばかりでなく、山や原野の山焼き（野焼き）が広く行われていたのである。この山焼きが、近世の村近くの山々（里山）の景観を一変させることにもなったことは、水本邦彦氏の研究ですでに指摘されている（水本、二〇〇三）。

火災の原因の昔と今

ちなみに、近年の林野火災の原因別出火件数（平成二〇〜二四年の平均）をみると、たき火（二九・七%）・火入れ（一三・八%）・放火（疑い含む）（一〇・七%）・たばこ（八・一%）が主要原因で、全体の約六割を占めているという（林野庁HP）。野焼き（火入れ）は、今も昔も山火事につながるものだったから、特に注意が払われて行われたが、少しでも油断すると、あっという間に燃え広がった。

そして、江戸時代の火事に注意を促す法令に「きせる」の文言がみえるように、成人男性の特権として百姓の間でも農作業の合間などに広くたばこが飲まれていたから（武井、二〇一〇）、たばこによって生じる火事も多かったのだろう。平成二五年の総出火件数を出火原因別にみると、一位の放火（一〇・五%）に続いて、二位がたばこ（九・二%）、三位がたき火（七・八%）である（消防庁HP）。

日本は自然発火による火災が起こりにくい環境にあり、火災の多くは人間の行為（故意・過失）によって発生するから、江戸時代も現在も、出火の主要原因は、そう変わらないのかもしれない。

野馬と里馬の飼育環境

野馬は藩の牧で飼育されていたが、その牧にはどのような風景が広がっていたのだろうか。牧といえば、やはり広大な草原を想像される読者も多いことだろう。確かにそうした風景も広がっていたが、盛岡藩では、風雨や落雷はもちろん、冬にはたびたび大雪に見舞われたから、馬がこれらを凌ぐ場所が必要であった。「木立又は谷合にてもこれ無く候ては宜しからず」（『青森県史』資料編）と指摘されているのはそのためで、「身隠し御山」も設定されていた（『日本馬政史』）。そこは、強い日差しから馬を守る場所でもあった。草原だけでよいわけではなかったのである。

雪の多い冬には、近くの農民に野馬を預けて馬小屋で飼育させる「舎飼」も行われたが、牧によっては、負担軽減などのために「野飼《のがい》」といって放牧したままのところもあった。放牧したまま飼育すると、馬の気性が「荒く」なり、荒馬になったという（「雑書」）。

一方の里馬の飼育環境はどうだったのだろうか。「雑書」に記録されている百姓の家の火事報告をみると、馬小屋が焼失したり、火事に際して馬小屋につないでいた馬を切り離して逃がしたりしているから、馬小屋で飼育していたことがわかる。しかし、ほかの記事をみると牛馬を「野放《のばなし》」にしていたとも記録されているから、日中は家近くの野山に放牧し、夜は馬小屋に入れて飼育していたのだろう。いつも「野放」にしていたのでは、獣害の恐れもあるが、なにより農民が馬を飼育する主な目的である厩肥《きゅうひ》が得られない。また、「野放」にしておくと、時に「野走」といって馬の行方がわからなくなり、「迷馬」を生むこともあった（天明三年〈一七八三〉八月二六日条）。

このような飼育環境のなかで、野馬と里馬は人々とともにあったのだが、そうした人馬にとっては招かざる動物である猪・鹿・狼などが忍び寄ってもきた。藩の牧での例を示そう。

猪・鹿何方より集まり候儀に御座候哉、何万と申す事にて御座候えば、御覧の通り木の皮木うら給《（喰）》尽くし、御馬の給《（喰）》物等これ無き故、次第御馬衰え、右の通り死馬に相成り申し候（久慈文書「御用留」森、一九六九）

餌不足からだろうか、猪や鹿が「何万」と牧に入り込んで、木々への食害をもたらしていた。さすがに「何万」という数は誇張であろうが、野馬にとって風雨や大雪を凌ぎ、また、冬場の食料ともなる牧の木々を狙って、数多くの猪や鹿が牧に入り込み、その結果、御馬を衰えさせ、「死馬」を出すまでに至っていた。

また、「山しげり狼多くこれ有り候間、野火通し」（「雑書」）をしてほしいと訴えがあがっているように、野馬が隠れ身を守るために設定されていた山は、人馬にとって害獣となる狼が身を潜める恰好の場所にもなっていた。なんとも皮肉なことである。ちなみに、盛岡藩では狼による被害が多いが、蝦夷地の馬の場合は、熊による被害が多かったという。

当然、村にも狼は現れるわけで、「雑書」寛政五年（一七九三）六月晦日条を見ると、

一、厨川《くりやがわ》通八ケ村御百姓共、先頃願い出候は、狼荒候て野放馬へ相障り候に付、狼取り仰せ付けられ下し置かれたき旨、御代官末書を以て申し出候に付、御持筒の者三人相廻し討たせ候様御目付へ申し渡す、村々相廻り候処、渡り狼にもこれ御座候哉、此の節は相見え申さず候付、御持筒の者御上げさせ下されたき旨、御代官申し出、伺いの通り御目付へこれを申し渡す

とあり、「狼荒」の状態にあった厨川通（「通」は代官の支配区域）では、百姓が「野放」にして飼育していた里馬が被害にあっていた。そこで百姓たちは、藩に狼退治を願い出たが、「渡り狼」だったのか見つからず、退治することができなかったという。狼は縄張り意識の強い動物であるが、群れから外れ単独で行動する、まさに「一匹狼」もいるから、この「渡り狼」もそうした狼で、そのお陰で命拾いしたのだろう。

人馬の恐れる狼

ところで、人馬が最も恐れた動物は、いま紹介した狼だろう。生類憐みの令のなかにも、「猪・鹿あれ田畑損さし、狼は人馬犬等をも損さ

し候」（「雑書」）とあって、人馬に危害を加える動物の代表として挙げられている。

一七世紀は大開発の時代といわれるが、人間が自然を本格的に大開発し、山林原野を切り開き、山焼きをして環境を一変させ、猪・鹿・狼の住みかを侵した結果、「雑書」には、人間の側による猪狩（猪討）・鹿狩（鹿討）・狼狩（狼討）の記事とともに、動物の側による猪荒・鹿荒・狼荒の記事も多く記されることになった。盛岡藩領では、まさに「狩られ、荒らされ」といった人間と動物の関係が展開されていたのである。動物たちにとっては、まさに迷惑千万だったことだろう。そして、馬は同じ動物であっても、人間と寄り添って生きることになったから、これら猪・鹿・狼といった動物から、人間とともに害を被る側になったのである。

さて、人馬への狼の接触であるが、「雑書」をみると、馬ばかりでなく人間も多数襲われ、「喰い殺」されてもいる事実を知ることができる。野馬・里馬が獲物として標的となり、さらにその近くにいた人間も巻き添えとなったので

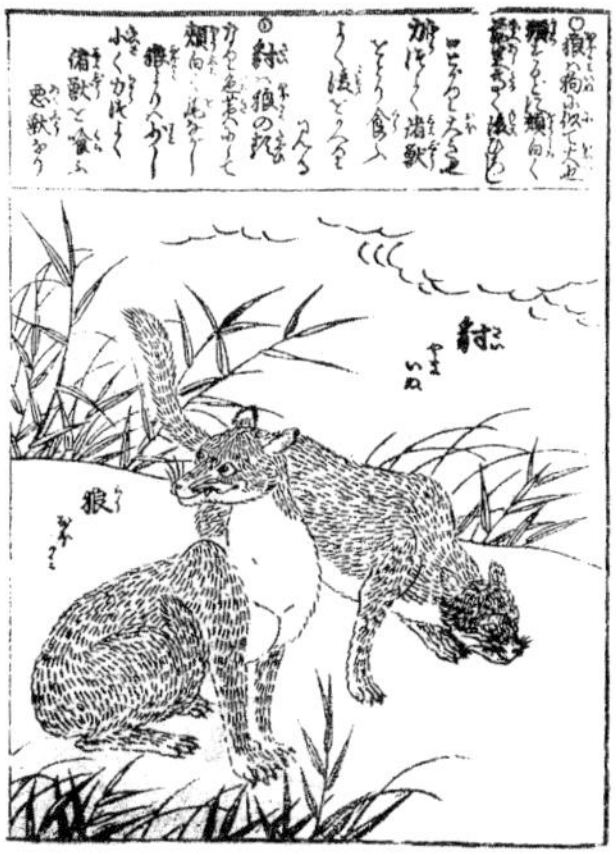

図25　狼

ある。ここまで人馬と狼とが接触した背景には、開発がすすんだことで人間が狼の生息領域を侵したことも要因として考えられるが、先に紹介したように、一七世紀後半に領内に農馬が普及していた事実にも注目したい。開発と馬の普及は、狼と人馬との接触の機会を多くし、その結果、被害を招くことになってしまったのである。狼のみを一方的に害獣とみなすことはできないのである。

狼に立ち向かう人馬犬

人馬にとってまさに狼は恐れる存在であったが、その狼から人は馬を懸命に守っていた。そこには、馬は「人力にこれ無く候えば助かり候儀も相成らず」という思いがあったのである（「雑書」寛政四年〈一七九二〉閏二月一四日条）。では実際に、「雑書」天明八年（一七八八）七月四日条の記事をみてみると、

一、女狼壱疋　　雫石御代官所安庭村百姓　孫作

右は、去月廿三日夜、馬屋へ押し込み候を、手飼いの犬を追い懸け、討ち留め候に付差し上げる、御定目御褒美下さる、御目付へこれを申し渡す

とあって、牝の狼（女狼）が馬を襲おうと馬屋へ入り込んだところ、孫作は、飼っている犬に狼を追い掛けさせ、仕留めて藩に献上し、褒美をもらっている。野犬（無主の犬）は人馬を襲ったが、「手飼いの犬」は、主人の孫作と一緒になって狼を仕留めて馬を守って

いる。先に紹介した生類憐みの令のなかで、「狼は人馬犬等をも損さし候」とあったが、「人馬犬」が恐れる狼を、人と犬は協力して見事に撃退していたのである。

こうした人と犬との連携もあれば、人が犬の死骸を利用した狼駆除もしていた。「雑書」寛政七年（一七九五）八月九日条をみると、

一、狼四疋　男狼弐疋、女狼弐疋

右は、下厨川村新道畑地の内、死犬これ有るに付、毒薬仕込み置き候処、右餌犬頭・尾ばかり残し置き、右狼四疋死に居り候旨、下厨川村甚之助訴え出、御代官末書を以て申し出る、御褒美の儀、御目付へこれを申し渡す

とあって、犬の死骸に毒薬を仕込み、四頭の狼を駆除して、甚之助は褒美をもらっている。犬の死を利用して狼を殺す、狼駆除としては大成功であるが、どことなく複雑な思いが後を引く方法ではある。

そして、馬は狼を恐れ人と犬に助けてもらうばかりでなく、自らも狼から子を守っていた。現在の福島県南相馬市のことで、当時は中村藩であるが、「東遊雑記《とうゆうざつき》」に、

此の辺りにも山の狼住みて、まま駒の子をとる事あり、領主より鉄炮打ちも置かる事なれども、闇き夜などはいかんともなしがたし、馬も利口なるものにて、夜は子を真

ん中にねさせて、親馬数々して取り廻らして、かわるがわる番をする事なり、狼、馬の子をとらんとおもふ時には、狼、馬の側をあちらこちらとめぐりて、子を取らん体に見せるゆゑ、親馬、子をとられじと、おのおの狼を追いめぐるなり、其の時、草のしげりたる中へ隠れ居る狼、親馬の側を放れしをみて飛びかかりて、二疋してくわえて逃げるよし、是を以てみれば馬の智は狼に劣りしものと、案内のもの物語せし也、予按ずるに、人においても悪事をなす事は、案外なる大智あるものありて、善事の事に智なきものあり、是とても心をよすると、寄せざるにあらんか、人と獣類ひとしきにあらざれども、犬はかしこくて、盗みをするにうとく、猫はうときものにても、盗みをするにかしこき、おかしきものならずや

とある。闇夜においては、人間が鉄砲をもってしても馬を助けることはできないが、親馬たちは懸命に仔馬を守ろうとしていたのである。

結局は狼に仔馬を捕られてしまったので、案内の者は「馬の智は狼に劣りしもの」と評しているが、筆者の古川《ふるかわ》古《こ》松軒《しょうけん》は馬に愛情を寄せている。親馬は親馬として、果敢に狼と対峙していたのである。

人間を恐れる狼

それは人間の親も同じで、元禄年間（一六八八〜一七〇四）に子どもが狼に襲われる事件が続くなか、我が子を守ろうと狼退治がすすめられていた。その様子を記した「雑書」元禄一〇年（一六九七）七月一日条の記事を紹介しよう。

一、花巻八幡通御代官所の内、黒沼《くろぬま》村肝煎《きもいり》六左衛門馬屋へ狼入り隠れ居り候を見出し、家を取りまき候え共かけ破り出、屋鋪《やしき》の林入り居り候を、左助・孫十郎と申す百姓二人にて棒にて打ち殺し候由、所の御代官苦米地長左衛門披露仕り候由にて、右の狼花巻御足軽を付け状を添え来る、則《すなわ》ち中《なか》の橋《はし》の下川原柳の内へ埋め置き候事

黒沼村の近隣村では、六月に子どもが狼に襲われる被害が続けて発生していた。四歳と五歳の男子は「死左右にもこれ無く」怪我で済んだが、六歳の秋という女子は死骸もみつからなかった。親たち、そして村人たちは、さぞ「狼憎し」と憎悪の念を募らせ、また、警戒を怠らなかったことであろう。

そんなことも知らずに運悪くひょっこり村に現れたこの狼は、自分を狙う人間たちの動きを察知したのだろう、馬屋に隠れていたところを見つけられて取り巻かれ、逃げまわったが、ついに百姓二人によって棒で打ち殺されたのであった。

この記事を読んだ読者の方の多くは、子どもが被害にあっていたのだから仕方ない、そう思われることだろう。確かに、こうした状況のなかで、狼を殺すという判断は理解できるし、自分も親であれば、あるいは村人であれば、と想像すると納得もできる。

しかし一方で、狼の視線でこの状況を考えると、複雑な思いに至る。突然、大勢の人間に取り囲まれ、パニックに落ち入りながら必死で逃げまわり、なんとか屋敷林へ駆け込んだものの、見つけ出されて撲殺されたのだから、さぞ恐怖に怯えながら死んでいったであろう。まさに、人馬の恐れる狼、そして、人間を恐れる狼なのである。

生態系を操作しようとする人間

「雑書」の記事を追っていくと、狼退治がすすんだ後は、確かに狼荒に関する記事がほぼ消えるが、そのかわりに猪荒・鹿荒の記事が散見されるようになる。食物連鎖の上位に立つ狼が減り、猪や鹿が増加した結果だろう。

そうしたなかにあった寛延二年（一七四九）、注目すべき触れが藩から出されている。「只今迄狼取り候儀、御構い成されず候処、向後取り候事無用」とあって、狼取り（狼の駆除）を「無用」としているのである。

では、なぜ「無用」としたのか。菊池勇夫氏がすでに紹介しているように、「東遊雑記」には、東北地方において、田畑を荒らす猪や鹿を獲物とする狼を「おいぬ」と称し、「狼の居るのを幸い」とする風習があることが記録されている（菊池、二〇一二）。つまり、藩としては、猪荒・鹿荒を天敵である狼によって防ごうとしたものと理解できよう。

しかし、そう簡単にうまくいくものではなかった。狼退治をしなくなった結果、間もなく宝暦九年（一七五九）には、「近年狼多く在々に於て牛馬へ相障り、就中《なかんずく》御野馬大分取」られてしまう事態となっている。

そこで今度は、藩が「狼取清八」に対し、「毒薬幷飼様共に、此の度所々御野守《のもり》共へ皆伝」するよう命じている。「飼様」とは毒殺法のことで、つまり、藩の牧を管理する「御野守」に、狼を退治するための毒薬と毒殺法を伝授させたのである。しかも、「御野守」だけでなく、近隣の百姓にも伝授させている。猪荒・鹿荒を防ぐはずが、また狼退治をする結果に陥ってしまっている。こうした事実は、人間の手が大きく加えられた生態系のバランスを保つこと（＝操作すること）が、一時凌ぎはできても、非常に困難なことであることを私たちに教えてくれるのである。

以上のようにみてくると、狼が人を襲う一方で、人は狼を利用して猪・鹿の食害を防ごうとし、また、人が狼から馬を守る一方で、例えば「諸作喰い荒らし候え共、御上様の御馬の事故、喰い損ない致させ候、止むを得ざる事の次第に候」（『青森県史』資料編）と、野馬による食害についての訴状にあるように、馬が人に被害を与えてもいて、何が人や馬に損害を与え利益をもたらす動物かなどといったような、簡単な図式では捉えられないことがみえてくる。盛岡藩領においては、実に多様な関係が展開されたなかに、自然と動物と人間との「共生」の姿が成立していた事実にも目をむける必要があろう。

飢饉がもたらした馬肉食

自然の底知れぬ驚異的な力は、動物と人間の生命を育む力となり、またそれとは反対に、生命を危機に陥れ奪う力にもなった。盛岡藩では、地理的条件から、天候不順、特に冷害や山背《やませ》に悩まされ、不作や凶作がかなりの頻度で発生した。特に、元禄・宝暦・天明・天保期には大飢饉にまでつながった（四大飢饉）。

飢饉と人馬

この近世における飢饉の被害は、単に天災によるものではなく、すでに指摘されているように、近世社会の特質や構造がもたらす人災の側面を多分にもちあわせていた。飢饉については、先行研究による数多くの蓄積をもつが、ここでは、飢饉の際に人馬の関係がいかにあったかに着目をして話をすすめていこう。

天明三癸卯、御領分中牛馬大図十四万程にして飢饉と成る、死ぬる牛馬六万程、残りて八万程、当巳天保四年癸巳年に至りて漸《ようや》く又十三万余に至りて飢饉也、茲《ここ》を以て考えるに、御領分中牛馬十三四万に至れば大凡飢饉の災い有ると知るべし（中略）牛馬七八万程にして天地の養いに程能き事と考え知るべし、是を過ぎれば果たして豊作有るべからずと云々

これは、「飢饉考」に収録されている記事のひとつである。牛馬の数が正確かどうかはさておき、盛岡藩領の牛馬の数が、飢饉の発生と連動していることが指摘されていて興味深い。もっとも、この記事の主眼は、中略としたところで、人間も増えすぎると、

①田畑が不足するから「山々峰々谷々」を畑に変える
②炭・薪を確保するために「近山」を剪り尽くして水不足を招く
③山に切り開いた新田へ肥やしを入れるので、本田の分が不足し作柄も不良となる
④肥やしが不足するので沼川の水草や牛の糞・犬の糞までも肥やしにしている

という状態になり、「過分の人沢山なるが故、凶作となる」と指摘している。つまりは、盛岡藩領の自然環境が保有する、人馬を養いうる許容量を越えてしまうと、飢饉や凶作などの災いが人馬にもたらされるということを指摘しているのである。

人馬へのダメージ

このように、飢饉と人馬の数には関連性があるとも考えられていたわけだが、馬産地である盛岡藩では、人馬は一体で暮らしていたから、飢饉も人馬を同時に襲った。その飢饉のなかでも、天明三年（一七八三）からはじまる天明の飢饉は、特に甚大な被害をもたらしたが、領内第一の良馬の産地である七戸では、三年の秋、擶駒《せりごま》御用に派遣された目付が、

至て不作に付、人馬共に餓死に及び候体故、願いに任せ、去年八月下駄払い御免の儀、廻り先に於て直々申し渡し候由

とあり、駄馬の他領払いが認められていなかったものの、現地で「人馬共に餓死に及」んでいる惨状を目のあたりにして、出張先ながら、七戸の人たちの願いのままに、「下駄払い御免」を申し渡していたのだった。翌年には「御救い」として、「下駄四歳以上、他領他郷払い御免」となっている。馬を領内・領外（他郷・他領）に売った売却益によって、なんとか命をつないでもらおうというのである。良馬の他領出を厳しく取り締まってばかりではいられなかった惨状があったのだった。

しかし、飢饉は人馬に容赦なくダメージを与え、馬の成育を阻害することにもなったから、売り物としての馬の品質は確実に低下した。天明四年（一七八四）には、早速その影

響が馬に現れており、江戸に登る馬喰馬について、盛岡藩から幕府に対して次のような届けが出されていた（「雑書」天明四年一一月六日条）。

私領内去年不作損毛に付、穀物払底に付、民飯料の難儀に及ぶ程の事に御座候故、当馬喰馬持ち立て候者不人数に相成り、馬数少なく手入れも届き兼ね候に付、追々手当申し付け候え共、馬形・乗り合い等宜しからず、出来合い兼ね、馬数も例年より不足仕るべき段、在所より申し来たり候、これにより御届け申し上げ置き候、此の段御聞き置かれ下さるべく候、以上、

十月十九日　御名

特に被害が大きかった五戸（現青森県五戸町）では、「人馬大半渇死」に至るほどの飢饉のなかで（「雑書」天明四年三月一八日条）、領民の生活が行き詰まり、彼らに頼るところが大きかった馬産も停滞して馬が減少し、馬の手入れも至らず、馬喰馬については「馬形・乗り合い等宜しからず、出来合い兼ね」るあり様であった。良馬を生産して供給することを課せられていた盛岡藩にとって、品質低下は大問題だったのである。

このように、盛岡藩としては、馬の他領払いや品質の問題に意を払わなければならなかったが、「人馬共に餓死に及」び、「人馬大半渇死」のような惨状のなかで、領民にとっては生き抜くことに精一杯で、いかに人馬一体とはいえ、ついには馬を「食物」(馬肉)の対象として見るようになるのは、ある意味では当然であった。

馬肉を食べるということ

ところで江戸時代は、仏教思想や穢れ意識から獣肉食が忌避されており、飢饉の際の獣肉食は、生きるか死ぬかの極限状態のなかの特異な行為とみなされがちである。まして、馬産地で愛馬精神から南部《なんぶ》曲家《まがりや》を生み出した盛岡藩領においては、獣肉食のなかでも馬を食べる行為については、もっぱら飢饉の悲惨さを訴える行為としてのみ語られてきた観がある。天明の飢饉における馬肉食についても、そうであった。

そこで改めて、飢饉時における人馬の関係性を、菊池勇夫氏の研究(菊池、二〇〇三)にも学びながら、馬肉食という視点からみていくことにしよう。

元禄・宝暦の飢饉

盛岡藩では、元禄・宝暦・天明・天保の飢饉が特に被害が大きく、これを四大飢饉とよんでいる。その最初の元禄の飢饉は、元禄八年(一六九五)と同一五年に発生した。この時、藩は誠意を尽くして対応し、「餓死人御座無く候」(「雑書」)と幕府に報告したが、実際には多くの餓死者が出ていたのである。
次に宝暦の飢饉は宝暦五年(一七五五)に発生したが、被害を大きくした背景には、幕府から課された日光本坊普請の費用を捻出しようと、江戸へ大量に米を廻米した結果、領内の米が払底しており、飢饉に対応できなかったことが指摘されている(細井、二〇一一)。人災的要因の強い飢饉であった。

この元禄・宝暦の飢饉で注目されるのは、武士と馬との関係を近くて遠いものとするきっかけが、まさにこの飢饉であったことであり、そこに近世社会のあり方が透けてみえてくる。元禄八年の飢饉では、先に紹介したように、役馬《やくうま》所有の義務を、一〇〇石以上の藩士から三〇〇石以上の藩士へと緩めている。そして宝暦の飢饉では、「役馬」の所有を免除している。さらに、藩の「御馬」の削減と「御厩」の「取り毀《こわ》し」も断行している(「雑書」)。飢饉という非常時の対応ながら、武士が自身の身分の象徴である馬を手放す事態に至った事実は注目されよう。

このふたつの飢饉にみえる獣肉食はというと、元禄の飢饉では、領民に対して鹿討を認め、鹿肉で命をつながせたとされることである(「祐清私記《ゆうせいしき》」もりおか歴史文化館所蔵)。鹿は藩主の狩りの獲物であり、禁猟とされていたのを解禁したのである。鹿肉は「御鷹の鳥」ならぬ「御狩の鹿」として藩主から家臣へ下賜されるなどして食べられていたから、領民が鹿肉を食べるという行為に対して、さほど抵抗はなかっただろう。

一方、宝暦の飢饉での獣肉食については、普段獣肉を食べない者が口にしたことが記録されており（「凶作見聞集」細井、二〇一二）、また盛岡城下では、獣肉が高騰したこと、鹿肉に馬肉を隠し混ぜて販売されていたことが伝えられている。人々にとって鹿肉は問題なく、馬肉が口に入ることが問題とされたのである。そして、馬肉を食べる行為については、死んでしまった馬の肉を食べたこと、馬肉を食べて生きながらえてもいずれ毒にあたり死ぬという言説が記されている（「自然未聞記」岩手県立図書館所蔵／「飢饉考」）。馬肉を食べてもそのようなことがないことを我々は知っているが、この言説の裏には、死の恐怖を伝えることで、馬を殺し食べることを強く禁じようとする思いが込められていよう。

こうしてみてくると、元禄の飢饉時には、先に指摘したように、農馬の飼育が広まり間もないこともあって、馬を食べる対象とする認識がまだ稀であったようであり、宝暦の飢饉時でも、獣肉食のなかでも馬肉を食べる行為、まして生きている馬を殺して食べる行為は忌避すべきものとする認識が、人々を強く支配していたことがうかがえる。

図26　天明の飢饉（「卯辰飢饉物語」）

天明の飢饉

では、餓死者・病死者あわせて六〜七万人を出すほどの甚大な被害であった天明の飢饉では、どうだったのだろう。盛岡藩では天明三年（一七八三）から同六年にかけて天明の飢饉が発生し、飢饉後の東北を旅した高山彦九郎《たかやまひこくろう》の「北行日記」（『日本庶民生活史料集成』）は、牛馬の肉はおろか人間の肉まで食べる者を出したあり様を記録し、地獄さながらの天明の飢饉の悲惨さを克明に伝えていることで知られる。

一方、八戸藩に召し抱えられた町人出身の上野伊右衛門が著わした「天明《てんめい》卯《う》辰簗《たてやな》」（『新編青森県叢書』）には、菊池氏によってすでに紹介されているように、興味深い記事がみられる。というのは、馬肉食について、

古来より馬肉は毒在りて馬肉を喰い酒を呑まずば急死と申し伝え候え共、更に毒にも当たらず、顔腫手足ともに浮腫の者馬肉を喰い候えば腫も癒え、手足丈夫に相成り、馬肉の精分にて活命の者勝り難きばかり

と記されている。さらに、「若い者どもは兎角《とかく》馬肉に非ざれば助かりがたき由申し候間、免じて食わせ候、甚だ味旨なる由申し候」とあって、馬に毒などなく、また食べて死ぬこともなく、かえって手足が丈夫になること、さらに、馬肉が旨いことを人々が認識し、広まっていたことを伝えているのである。普段、肉食の習慣のない人が肉を食べると、我々が想像する以上に力が湧いてくる実感があるのだという。飢饉で弱り切った人々にとって、馬（馬肉）はまさに命をつなぎ活力を生む「食料」として、体感をともなって認識されるようになったのである。これは宝暦の飢饉時の言説にまさるものであったことはいうまでもない。馬肉は、死につながるどころか、生につながるものだった。

そしてさらに、盛岡藩領の五戸の者が語った馬肉を食べる行為についての話は、次のようなものだった。やや長くなるが紹介しよう。

又此の馬を喰ふ事天より許して給しめ玉ふと覚ゆる也、其の故如何にと申すに、平生馬に飼料と成る糠《ぬか》、藁、大豆柄等は馬に相食わせず、銘々是を朝夕の食とする事なれば、中々馬に養ふべきものなし、然らば御停止第一の事ながら銘々捨馬せん事必定也、此の馬を食わざれば、自他領隔て（無く）彼の捨馬共在々の麦畑は云うに及ばず、居垣を破り穀物を喰い荒し、春に成りても諸作仕付け致すのみにて中々実を取る事相成るまじ、其の方共は馬を喰い候者を賤《いや》しめ候え共、国の為人民の為殊更只捨てるべき脊《せ》たるみ馬、牛蒡馬《ごぼううま》迄直段《ねだん》相場相立て相応に相払い双方の益也、

且つ馬共も手を立て殺し候事至て罪科の様なれども、寒中野山に居り候ては、御野馬と違ひ中々安穏に活き延びる事成らず、餓死或いは寒さに傷められ相果て、犬鳥の餌にならんよりはまし成るべし

いつも馬に与えている糠《ぬか》や大豆などは人間が食べるから、禁止されているとはいえ飼育できない馬は捨てることになる。しかし、その捨馬は、今度は我々の食料となる田畑の穀物を食い荒らす。であるなら、馬を相場相応に売り払い、また、買って食べることは、売買人「双方の益」となるだけでなく、「国の為、人民の為」となるのだという。

生きている馬を殺して食べることを「賤し」く「至て罪科」なことだと考える者に対して、常時は同じ認識を共有しつつも、しかし、飢饉という非常時にあって生命の危機にさらされたなかでは、その忌避感・罪悪感を覆い隠すように、「双方の益」「国の為、人民の為」という論理構成を組み立てて正当化をはかり、天から許してもらえるとして、馬を殺し食べていたのである。

そして、この論理構成の組み立てを読み解くとき、明日をも知れぬ五戸の者たちが、だ

からといって馬を抵抗感なく殺し、「旨い、旨い」と喜んで馬肉を食べていた、ということではなかった点は押さえておきたい。菊池氏も指摘するように、こうした経験をもってただちに馬肉食が日常化したとは考えにくい。忌避感・罪悪感とは、そう簡単に払拭されるものではないのである。だからこそ、正当化する必要があったのだ。しかし、その一方で、一度体得した経験は、どうなるのだろうか。天保の飢饉をみてみよう。

天保の飢饉

天明の飢饉をへた人々が、次に襲い来る天保の飢饉において、馬をどのようにみていたのだろうか。天保年間（一八三〇～四四）の盛岡藩は、冷害に水害・虫害が加わり、大飢饉が頻発したが、そうしたなかでの獣肉食、特に馬肉食に関して、興味深い史料があるので紹介しよう。

天保八年（一八三七）の史料であるが、藩の牧のひとつである木崎《きさき》野《の》の野馬が一六〇～一七〇頭不足していることについて、「去年凶作に付いては、飯料不足にて末々の者別して困窮に及び、多分牛馬肉食致し候趣相聞え候え共、徒者《いたずらもの》等の所為にもこれ有るべき哉、最前も御野馬へ相障り候者これ有り」（『青森県史』資料編）というのである。つまり、「徒者等の所為」による可能性もあるのだが、困窮に及んだ「末々の者」たちが牛馬の肉を食べていると聞くから、食われてしまったのではないか、と指摘しているのである。

このように飢饉時にあっては、権威を帯びた「御大切」な「御野馬」も食われてしまう運命にあった。そして、天明・天保のふたつの飢饉をへるなかで、人々の馬を殺し食べることへの忌避感・罪悪感のハードルは、元禄・宝暦のふたつの飢饉時にくらべると、確実に低くなっていたことがうかがえよう。江戸時代後半の飢饉時には、馬も「食料」とみなされるに至ったのである。

なお、この記事によると、将軍の御馬になったり藩主の御馬になったりする「御大切」な「御野馬」へのいたずらが疑われてもいた。天保期という時期を考えると、御馬が帯びていた幕府・藩の権威のゆらぎを、そこにみることも可能であろう。

明治初年の肉食の広がり

以上にみてきたように、盛岡藩では、元禄・宝暦・天明・天保と飢饉をへていくにつれて、獣肉食のなかでも馬肉食への忌避感・罪悪感が次第に薄れていく傾向を読み取ることができよう。

一方で、これまでも食べられてきた鹿肉などの獣肉食については、嘉永年間（一八四八～五四）頃のことを記したと思われる「内史略《ないしりやく》」の記事をみると、「鹿肉、猪肉、都て獣肉」の盛岡城下での販売について、「今は世間を憚らず売買する事とは成りぬ」と伝えているから、より広く流通していたことがわかる。

そして、明治四年（一八七一）の公文書のなかには、「近来肉食相開け候」（「明治三年雑留」宮城県公文書館所蔵）とある。「肉食」が幕末・明治時代に急速に国内に広がるのは、すでに江戸時代にその素地が準備されていたことに求められるだろう。

馬の老いと死

馬の老い・余生・死

これまで馬の一生を、その誕生から描いてきたわけだが、そろそろ本書も終盤。そこで以降は、馬の晩年について述べていくことにしよう。馬の一生の終焉、老い・余生・死、さらに死馬となった後については、どのようなものであったのだろうか。

馬の晩年

一口に江戸時代の馬といっても、これまで紹介してきたように、権威を帯びた少数の「御馬」と、「御」の字を冠されることのない数多くの「馬」、さらに男馬と女馬では、その歩む一生は大きく異なっていた。そして、また同様に、その一生の終焉である老い・余生・死の迎え方も大きく違っていたのである。

御召馬の千歳

盛岡藩では、「御厩」や「御野」（牧）の「御馬」は、藩主の権威を帯びた存在であったから、大切に育てられた。なかでも藩主の「思し召し」に適う「御馬」は、特に大切に育てられた。例えば、藩主南部利敬《としたか》の「御召御馬」である「千歳」は、特別可愛がられていて、利敬は常にこの千歳に乗っていたことから、「御賞」として、次のような待遇を受けることになっている（「御家被仰出」『藩法集』）。

一、思し召しに応じ格別御労り、永く御用相立ち候様成されたく思し召し候に付、毎月一廻り、暑寒は始終補薬飼い申すべき事、

一、暑中蚊帳《かや》相用い申すべき事、

一、寒中御厩、琉球《りゅうきゅう》呉座《ござ》にて囲い申すべき事、

「補薬」を服させて体力を保ち、夏は蚊帳を掛けて蚊が病気を持ち込んだり、千歳を煩わせたりするのを防ぎ、冬は荷物の上包みにも使われるほど丈夫な琉球莫蓙（琉球表）で厩を囲んで保温するなど、まさに人間以上の待遇を受けていたことがわかる。

そもそも、歴史に名を伝えることができる人間もごくわずかななかで、立派な名を与えられ、さらに歴史にその名を残した「千歳」は、やはり馬のなかでも特別な存在であったといえよう。

余生の保障

もちろん、こうした待遇を受けることができた「御馬」は、江戸時代に生きた馬のなかでもほんの一握りであったが、江戸で藩主の乗用として重宝がられ、「御用」を全うして引退した牡の「老馬」（男馬）は、生まれ育った南部の地に送られて、新たな「御馬」を生み出すための父馬（種馬）となるなどして、その余生を送った（「雑書」）。一方、数多くの良馬を産んで、「晩年ニ及ブ迄能ク其用役ニ堪ヘタル」牝馬（女馬）はというと、農民に預けられるなどして、「一生ノ手当ヲ附シテ天命ヲ終」えた（『日本馬政史』）。

このように、男馬・女馬としての「御用」を十分に果たした「御馬」は、余生が保障され、やがてその一生を終えたのである。しかも、先にも紹介したように、死した後も歴史に名を残し、その存在を現在に知らしめる「御馬」もいたのである。

しかし、「御馬」のなかでも、藩主の恩寵から外れたり、あるいは、老馬・悪馬（疵馬）・病馬・不妊馬などで、「御用」を十分に果たすことができなかったりした場合は、こうした余生を送ることはできず、藩士や町人・農民らに払い下げられ、「御馬」から御の字がとれた「馬」へと転落したなかで、その一生を終えた馬も多くいたのである。

また、倹約によって領民に払い下げられたり、下賜されたりした馬も、「御」の字が冠されていた時とは待遇が変わった。「雑書」享保四年（一七一九）四月二三日条によると、藩の「御小荷駄《こにだ》」（物資運搬専用の馬）二〇頭が、江戸に問い合わせの上（藩主利幹《としもと》在府）、町の者たちに「御預け」（下賜）となっているが、

覚

一、此の度御小荷駄其の方共へ御預け成され候、手前馬同前、御町御用・私用勝手次第遣い申すべく候、但し、御馬場へ砂附け候時分は御牽《ひ》き上げなさる、尤《もっと》も口付共に御馬屋にて仰せ付けられ、砂附け申すべく候、

一、生類の儀に候えば念を入れ候上、病死・怪我等仕り候ても御用捨成さるべく候、

已上、

四月廿四日

とあり、これまで「御」の字を冠されていた小荷駄だったが、下賜されると、「御」の字を冠されることのない町の者たちの「手前馬」同然のように使役されることになっており、「怪我」や「病死」をしても「御用捨」されることになった。藩の馬場での砂浴び（馬の身繕い、毛繕い）が許可され、また、生類憐みの精神が定着したこともあって、念入りに飼育することは申し伝えられたが、やはり「御小荷駄」の時とでは、その違いは明瞭であ

った。

こうしてみると、「御馬」にとっては、男馬・女馬ともに、それぞれが果たすべき「御用」を全うすることが、余生を保障され、安穏に一生を終える上で重要だったのである。

農馬の余生と死

それでは、農民の「馬」の余生と死は、どのようなものだったのだろうか。「馬共（中略）御野馬と違ひ中々安穏に活き延びる事成らず」と「天明《てんめい》卯《う》辰簗《たてやな》」に記されているように、盛岡藩を何度も襲った不作・凶作・飢饉の際に、馬が捨てられたり（「捨馬」）、あるいは、殺されて食べられたりしたことを思い出していただければ容易に想像されるように、「御馬」に比べると、余生どころか、安穏に一生を過ごすことも難しかったのである。厳しい状況のなかにあっては、いかに「人馬」の関係であるとはいっても、人々も命をつなぐのに懸命だったのだ。

馬が死んだらどうしていたかというと、東北地方の自治体史の多くでは、村はずれに設定された馬捨場に運び、そこに埋めたと紹介されている。西日本などとは対象的に、死馬の皮を剝いで利用することはあまりみられなかったが、後に紹介するように、一九世紀になると東北諸藩でも馬皮に注目が集まり、利用されるようになる。

このように、「馬共」は「御馬」に比べると、確かに安穏な一生を送ることは難しかったかもしれないが、しかし、馬と共に生き、生業である農業に「尽力を得」ていた農民たちは、馬への感謝の気持ちから馬を大事にしていた。

馬と寄り添う人々

そうした人の馬への気持ちが、人馬がひとつ同じ屋根の下に暮らす南部《なんぶ》曲家《まがりや》を生み出した。また、飼っている馬の安全と健康を馬の神に祈念する蒼前《そうぜん》信仰や駒形《こまがた》信仰も、人々のあいだに広まった。さらに、現在に伝わるチャグチャグ馬コの原形は、農馬の日頃の労に感謝し、無病息災を祈念するために、綺麗に着飾らせた馬を牽いて蒼前神社へ参詣する行事とされており、江戸時代から行われていたものである。そして、死馬を供養するために、馬捨場などには馬頭観音の石碑を建て、祀るなどしていたのである。

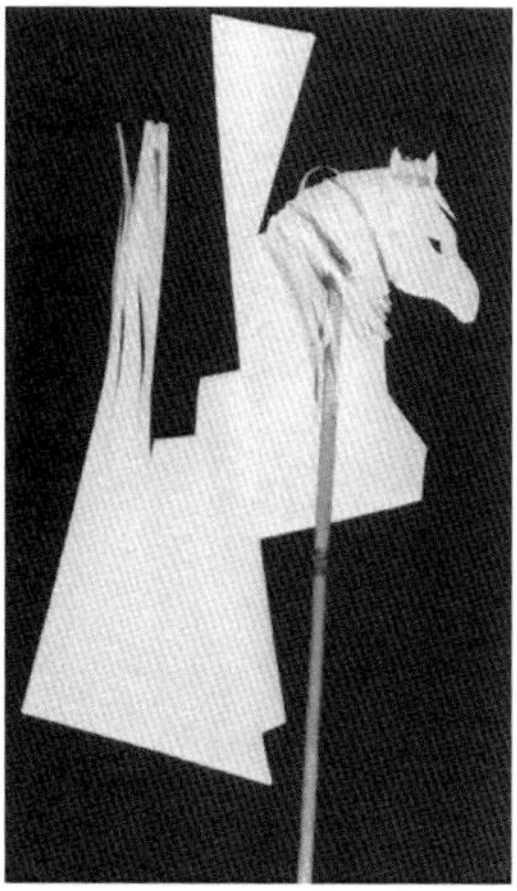

図27　蒼前幣束

近年、盛岡藩領の石碑の調査をしているが、実に多くの馬頭観音の石碑が、江戸時代から昭和時代に至るまで建てられており、いまでも蠟燭《ろうそく》や線香、お供え物があげてある。私の講義に出ていた学生が、家族の恒例行事として、年に一度、チャグチャグ馬コの日に、近所の古い馬の墓にお参りしていると教えてくれたが、今日もなお、供養が続けられているのである。

もちろん、動物である「御馬」や「馬」に対する人間の愛情や感謝の気持ちを込めたこれらの行為が、どれだけ馬本位の行為かと問われると、疑問はある。馬にとっては逆に、苦痛になっていることもあるだろう。しかし、藩主と「御馬」、農民と「馬」、どちらであっても、こうした馬をめぐる人々の日々の営み（人間の行為）からは、馬に寄り添いともに生きようとする盛岡藩領の人々の様子が、確かに伝わってくる。江戸時代に「人馬」はともにあったのである。

死馬の利用

馬は死を迎えてその一生を終えるのだが、人々は死骸となった馬をも利用していた。そこで、死馬と人との関係をみてみることにしよう。

東北諸藩の馬皮利用

死馬の活用といえば、馬皮がすぐに浮かんでこよう。江戸時代において西国、とりわけ畿内で皮革業が広く展開した。では、東北諸藩ではどうであったかというと、皮革業を生業とした人々の存在と、その藩領を越えたネットワークの広がりは、すでに明らかにされているが（鯨井、二〇〇四／浪川、二〇〇八）、その数はやはり少なかった。もちろん、数が少ないからといってその存在を無視してよいということでは全くないが、東北諸藩の特徴として押さえておく必要はあろう。

馬皮の利用についてみても、例えば、弘前藩では、宝暦四年（一七五四）の段階で「十に七、八は剝ぎ取り申さず候」（『日本馬政史』）と記録されており、また、寛文四年（一六六四）に盛岡藩領から分離独立し、同じく「南部馬」の産地であった八戸藩でも、文化五年（一八〇八）までは、馬皮にくらべて使い勝手のよい牛皮は利用されていたものの、「馬波《（皮）》は是迄捨りに相なり候」（『名川町誌』）という状況だった。少なくとも一七、八世紀には、馬皮が商品化・産業化するなどして、積極的に利用されていた形跡はみられないのである。

こうした状況に変化がみられるのは、一九世紀になってからである。異国ロシアの接近にともなう蝦夷地警衛を契機に軍需が増し、馬皮を含めた皮需要が生じたことによって、弘前藩においては皮革業を生業とする人々の編成がすすんだことが紹介されている（浪川、二〇〇八）。八戸藩においても、文化五年、百姓らに対し、牛馬皮を他領へ出さず、名久《なく》井《い》村の馬具師亦吉に売り渡すように命じている（『名川町誌』）。これまで捨てられていた馬皮に、関心が寄せられるようになったのである。

馬産地・盛岡藩の馬皮利用

では、馬産地で「死馬」も多く出た盛岡藩ではどうか。「本当に死んだのか」という関心（生きている馬への関心）から死馬を厳しく管理したが、その際、死馬手形とともに証拠の品（「死馬印」）として藩に提出されたものは、馬の耳と尾毛であった。馬皮に関心が寄せられた様子はない。

動物の皮では、鹿皮と熊皮、熊については熊胆《くまのい》にも関心が寄せられ、藩による管理・統制が厳しかった。特に鹿皮は、海外から大量に輸入するほどの近世前期に生じた国内需要に応じて、盛岡藩からも大量に江戸へ運ばれている（榎森、一九九八）。近世後期にも、領内の皮販売を一手に請け負った商人が扱っていたのは、やはり多くが鹿皮で（森、一九六九）、その鹿や熊を討ち留めていたのは、領内の猟師（マタギ）であった。皮は、猟師や藩の台所・賄所などで処理されていた。

盛岡藩から皮が移出されていたが、例えば「覚書」天保元年（一八三〇）一二月二七日条（もりおか歴史文化館所蔵）をみると、

一、毛皮百五拾箇　但し、壱箇拾弐枚入　　諸皮会所元十三日町　忠右衛門

右は大和高市《たかいち》郡柏原屋喜兵衛へ相払い候に付、野辺地《のへじ》湊より海上積み登せ申したく、沖ノ口御証文下し置かれたき旨申し上げ、願いの通り御町奉行へこれを申し渡す

とあって、船で大和の商人柏原屋喜兵衛のところへ運ばれている。恐らくその多くは鹿皮だと思われる。「毛皮」とあるから、毛のついたままの状態で塩漬けにされて運ばれていたのだろう。船での移送においては、皮の品質保持が大変だった。

馬皮は、鹿皮や牛皮に比べると低質であり、それが、馬を中心とする東日本と牛を中心とする西日本における被差別民のあり方を規定したとの指摘もあるが（有元、二〇〇九）、馬皮の利用は、必要なだけにとどまっていたようだ。

軍需の高まり

ただし、盛岡藩においても、寛政元年（一七八九）のアイヌ蜂起の際に「松前への御加勢」の準備がすすめられたことと、その後の異国ロシアの接近にともなう蝦夷地警衛は、これまでの馬皮の利用に変化をもたらすことになった。「松前への御加勢」が求められた直後の七月二四日には、馬具職人である切附師《きつけし》が、「近年鹿革払底にて、御用幷下細工共甚だ差し支え」の状況にあるとして、鹿が多く生息し鹿皮が生産されている沿岸の三閉伊《さんへい》へ買い付けに出掛ける許可を得ている（「雑書」）。鹿皮が求められていることがわかるが、より安定した武具御用の皮の確保のため、以降は「馬皮」にも需要が生じたものと思われる。

事実、文政五年（一八二二）には、「御国中牛馬皮幷鹿皮、其の外共御用皮」の取り立てを請け負う者が確認され、翌年には、「馬皮御用」により百姓たちに死馬から皮を剝ぎ取るよう命じているし（「花巻城代日誌」『花巻市史』資料編）、近世後期から幕末のことを記した記事によると、藩に「皮類差配役方」が置かれ、牛馬皮の回収を行ったという。「牛馬の皮幷犬猫に至る迄、穢多共見かけ次第斃死《へいし》の皮を剝ぎ取り候所、此の時より役所へ訴え出剝ぎ取」るようになり、「在所は牛馬斃候えば其の主百姓に剝ぎ方仰せ付けられ、百姓甚だ迷惑す」とある（「内史略《ないしりやく》」）。城下ではえたが、村々では百姓が死牛馬の皮の剝ぎ取りを行っていたこと、また、「迷惑」する百姓からは、この時期に高まる皮需要に応じる形で剝ぎ取りが求められるようになったことがわかる。対外危機が一層高まる近世後期から幕末には、「海防御用」「御武器御入用革」として牛馬皮が積極的に回収され利用されていた（「内史略」／「近代経済文書」岩手県立図書館所蔵）。

また、武具についても、松前氏がアイヌ蜂起を鎮圧した後の一一月一二日、「御道具御繕等」に精励したということで、鹿革を買い付けに行った切附師をはじめ、鉄砲師・具足師・甲冑仕立師・武具鍛冶・武具師・鑓師《やりし》・武具塗師に褒美が渡されている（「雑書」）。「松前への御加勢」が、実戦を意識し、武具の備えと職人の技術の必要性を再認識する契機にもなったことだろう。

百姓甚だ迷惑の意味

ところで、牛馬皮の剝ぎ取りを求められた百姓が「甚だ迷惑」と感じていたことを紹介したが、嘉永六年（一八五三）の三閉伊一揆の際に、百姓らが負担軽減を求めたなかには、

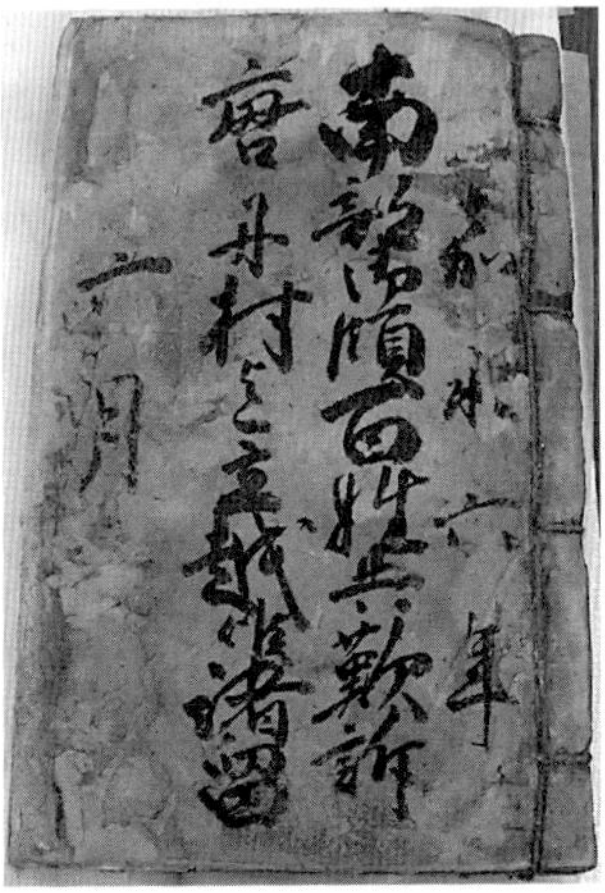

図28　吉田家文書

諸受け負いの事、牛馬皮剝ぎ取り候儀、御百姓共甚だ迷惑仕り候間、死馬これ有る節は、尾髪・耳にて以前は御取り納めに御座候、
聞き取り付札　殞牛馬は遠方の小屋へ申し遣わし候分、剝ぎ取らざる内は番人相付け相守り申さず候えば罷り成らず候に付、迷惑の事

とあり（吉田家文書「南部御領百姓共歎訴唐丹《とうに》村迄立越候諸留」）、死馬の確認のために提出するものは、以前は耳と尾毛でよかったものの、皮需要に応じて牛馬皮の剝ぎ取りが百姓に求められて、これを「甚だ迷惑」としているが、「聞き取り付札」をみると、小屋の者に剝ぎ取らせる煩わしさを「迷惑」と指摘している。

盛岡藩領和賀《わが》郡浮田《うきた》村周辺（現岩手県花巻市）では、「村々にて死馬等これ有り候節は、早速小屋の者へ相知らせ、尾・耳煎《（剪）》り取り、皮取らせ候」（「大図日記《おおずにっき》」東和ふるさと歴史資料館所蔵）とあって、文化年間（一八〇四～一八）以降の小屋頭・小屋の者の存在が指摘されており（阿部、二〇〇三）、また、松浦武四郎《まつうらたけしろう》が「鹿角日記《かづのにっき》」嘉永二年（一八四九）七月に「牛馬の死せし時は村々に非人を置き、皮は申すにも及ばず、尾より角に致《（到）》る迄皆領主のもの」と記している（『松浦武四郎紀行集』）。

「百姓甚だ迷惑」の意味を理解する上で、村における小屋頭・小屋の者・非人の存在は注目される。これまで一般には、史料の文言のとおり、藩の求めに応じて百姓自身が飼い馬の死骸から皮を剝ぎ取っていたと考えられており、実際にも皮を剝ぎ取っていて、それがゆえに、皮剝ぎに対する穢れ意識が盛岡藩領では希薄だったと推測されるのだが、どれだけの村に小屋頭・小屋の者・非人の存在があり、百姓による牛馬皮の剝ぎ取りの実態がどうであったのか、今後明らかにしなければならない問題であろう。

また、皮を剝ぎ取っていたえたの存在と、「御領内穢多・非人甚だ以て無礼」（「たとえば」岩手県立図書館所蔵）として彼らへ向けられた賤視も、あわせて考えなければならない課題である。

民需の高まり

一八世紀後半から一九世紀に全国的にも皮需要が高まるが、それは、いま述べたような軍需のみならず、民需の高まりがその背景にあった。盛岡藩では、藩主南部利敬の治世（天明四年〈一七八四〉～文政三年〈一八二〇〉）のこととして、「内史略」に次のような史料がみえる。

一、此の御代神社御祭礼格別に賑々しきことを聞き及び、芝居・角力は申すに及ばず、色々の稽《かんがえ》尽くし、諸見せ物夥《おびただ》しく群集し、或いは万日前乞食者共へ他国より奇代稽有る乞食来たりて、遂に見聞かざる様々の稽尽くし、又簗川《やながわ》穢多の元へ他国穢多勝れたる皮細工人来たり集まりて、此の頃より江戸下りに劣らざるの美麗の塗皮緒・雪駄・馬具類等出る、江戸細工のごとし、是れ御国産也、鼓・大鞁を張る、又上手也

一八世紀後半から一九世紀になって「他国穢多」が流入し、「勝れたる皮細工」がもたらされたというのである。盛岡藩の者が江戸に稽古に行って技術を磨くばかりでなく、流入する者たちによっても新たな技術がもたらされたのである。

そして、安政二年（一八五五）になると、箱館奉行から盛岡藩に対して、箱館で「御仕置者取り片付け幷革細工等」をさせるので、「其の心得」のある「御領内住居罷り有り候穢多・非人の内五、六人、箱館表へ住居」させる様に申し達しがあったという（「内史略」）。盛岡藩に流入した革細工の技術は、領内の「穢多・非人」の移住を介して、さらに蝦夷地にまで広がっていった。

また、仙台藩では、万延元年（一八六〇）、蝦夷地で警衛にあたっていた白老《しらおい》（現北海道

白老町）で「鹿皮製作御取開」のため、日頃市村《ひころいち》（現岩手県大船渡市）の革師長左衛門・市作両人と門弟を派遣している（吉田家文書「定留」）。蝦夷地警衛による蝦夷地への人馬の流入については先に述べたが、皮革技術もまた流入し産業を起こしていたのである。

このように、近世後期から幕末になると、盛岡藩でも軍需・民需における皮需要の高まりが、馬皮の積極的利用を促していったのだった。

馬皮を産物にするために

ところで、馬皮の加工技術はどうだったのだろうか。盛岡藩では安政二年（一八五五）に三本木原《さんぼんぎはら》開拓（現青森県十和田市周辺）をはじめているが、それは新田開発だけでなく、その地で産業振興もはかられた。そのなかでも製革業に注目した中野渡一耕氏の研究によると、文久二年（一八六二）以降、開発を指揮した新渡戸伝《にとべつとう》（新渡戸稲造《いなぞう》の祖父）が、東本願寺から資金援助を得たことと、東本願寺の末寺を媒介に加賀藩からの移民を受け入れた関係から、浄土真宗を仲立ちにしたのだろう、加賀藩から皮師ら技術者を招ねき、おもに馬具を中心として軍需品がつくられ、実際に馬皮でつくった胴乱や鉄砲の玉入れが戊辰戦争で使用されたこと、皮革業に従事した技術者への差別が薄かったことなどを紹介している（中野渡、一九九五）。

その中野渡氏も取り上げている「御国益考」（『青森県史』資料編）や「近代経済文書」

によると、文久元年（一八六一）三月の「御国産牛馬皮の儀に付、見込み申し上げ候書付」には、

御国中牛馬皮の儀は、請け負いの者これ有り、御武器御入用革御遣い用次第、下直（値）に売り上げ申すべき御趣意申し上げ、御領分中一手に買い集め、毛皮の儘《まま》にて売り出し、目前の利益に泥《なず》み、一己《いっこ》を富まし候事のみ差し働き申し候、革に限らず、出産の儘にて他へ出し候儀、御産物とは申されまじ、（中略）御国馬皮の儀は、長門牛皮に次ぎ最上品のよし、右程の御国産に御座候え共、素皮の儘にて売り出し、是を姫路にて製し、此の地へ下り候えば、姫路革とて挙げて称美いたし、高価に相求め候抔、今に古僻の風弊相残り、革製の儀は姫路に限り候ものと相すまし、余念これ無く他邦を賑わし来り候段、実に歎かわし、（中略）西洋革製の法を仕懸け、職人に試させ候処、可成に出来申し候、追々手馴れ候わば、終には西洋にも恥ざる様製作成り申すべき見込みに御座候間（以下略）

とあり（『近代経済文書』）、盛岡藩領の牛馬皮は、付加価値をつけることなく「毛皮」「素皮」のままで売り出され、姫路で加工されて「姫路革」として高値で売買されている現実を歎き、「西洋革製の法」で挽回をはかろうとしている。せっかくの「御国産」の良質な

馬皮が、何の付加価値も加えられずに売り出されたのでは「御産物」とは言えないということなのである。

牛皮の利用のところで、「銀鞣《なめ》し」の導入のことに触れたが、これをみると、盛岡藩における鞣しの技術は、幕末まで十分な発展を遂げなかったようだ。南部馬の馬皮は、ようやく真の「御産物」へと高められることになったのである。

尾毛の需要

これまで、馬皮の利用についてみてきたが、牛の角・爪のところで紹介したように、馬の爪（馬蹄）にも需要があり細工が施されていた。また、馬の尾毛にも需要があったのだが、これまで注目されることがほとんどなかったので、史料とともに紹介しよう。

盛岡・仙台藩などでは、馬が死ぬと耳と尾を切り落として提出していたことが知られており、これについて鯨井千佐登氏は、耳や尾がないことが「死馬であることの証」であったことを指摘している（鯨井、二〇一三）。であるから、盛岡藩の馬責《うまぜめ》才藤半九郎が、

道中槻《つきの》木《き》にて、青山大膳亮《あおやまだいぜんのすけ》様御買馬栗粕《かす》毛《げ》三歳、馬々小路長兵衛と申す馬、たいばに逢い則時落ち候所に、其の所の名主・庄やより手形も取り申さず、其の上尾・耳にても持参仕らず、右の馬落ち候分けも江戸にて不埒に仕り飼料仕払い等麁相《そそう》に仕り候

というように、頽馬《たいば》に逢い「馬落ち候」、つまり馬が急死した際、証人にすべき名主・庄屋から手形を取らないばかりか、耳と尾を証拠の品として持参しなかったことから、扶持《ふち》を召し上げられて追放となっている（「雑書」天和二年〈一六八二〉一月二一日条）。そして、弘前藩の事例だが、悪知恵を働かせる者は、他領から耳と尾を貰って来て提出し、生きている馬を「死馬」として届けて、「抜け馬」にして売り払う者もいたという（『日本馬政史』）。

耳については、見分後に鉈《なた》で裁断して捨てたというが（『岩手県産馬史』）、尾毛については、慶長年間（一五九六〜一六一五）の上野広則宛南部利直《としなお》黒印状に、「田中清六（正長）馬の尾望み候に付て遣わし候、慥《たし》か成る案内者を付け、小荷駄馬の分残らずきらせ申すべく候也」（「宝翰類聚」）とあり、早くから需要があったことを確認できる。正長は、佐渡金山の奉行として知られるが、豊臣秀吉や徳川家康の鷹匠として南部領に派遣されてもいたから、正長個人の「望み」ではなく、家康が所望したものであったとみるのがよいだろう。この場合、死馬ではなく、生きた小荷駄馬の尾をすべて切らせるよう広則に命じたものと考えられるから、それ相応の数になっただろう。

尾毛に興味を示す商人

そして、盛岡藩の商人も尾毛に興味を示していた。「雑書」正保四年（一六四七）一〇月五日条には、

一、御家中在々馬尾切り役、綿屋喜兵衛申し請け、奉行として奥郡へ中里半兵衛同心与兵衛・同弥左衛門、栃内与兵衛同心孫作・同助之丞、此の四人今日遣わす

とあり、商人の綿屋喜兵衛が「御家中在々馬尾切り役」を請け負っている。さらに、「雑書」安永五年（一七七六）三月六日条によると、

一、御領分中死馬これ有る節、御取り上げ成され候馬の尾、其の儘下し置かれ候わば、三拾六貫目《かんめ》にて二拾貫文差し上げ申すべし、尤も惣髪《そうはつ》は只今迄御取り上げこれ無く候処、是亦《また》前髪より取髪迄苅（刈）り取り差し上げ候様仰せ付けらる、御取り上げの上下し置かれ候わば、三拾六貫目にて拾弐貫文宛差し上げ申すべき旨、四ツ屋半之丞と申す者申し出、願の通り御町奉行へこれを申し渡す

とあり、商人の四ツ屋半之丞が、死馬の証拠として藩に提出された馬尾三六貫目（一三五瓩《キログラム》）を二〇貫文（五両）で、惣髪（鬣《たてがみ》）は三六貫目を一二貫文（三両）で買い取りたいと願い出ているほどだから、尾毛に需要があったことは間違いなさそうだ。

仙台藩でも回収されている尾毛だが（代納の場合も）、では、何に使われていたのだろうか。盛岡藩の宝永三年（一七〇六）二月「牛馬定目留書」（もりおか歴史文化館所蔵）をみると、

一、上中下駄并上駒髪かり申し候てあませ置き、取りちらし申さざる様に揃え置き、段々差し上げ申すべき事、

一、死馬これ有り候節は髪かりあみ、尤も尾は尻筒より切り洗い候て、御代官衆迄持参申す様に兼ねて申し付けらるべく候、御代官衆見分相済み候わば、尾ははへぎわよりはさみ候て揃え置き、越し申さるべく候事、

右の通り、尾髪御入用の儀これ有り候間、向後少しも紛失仕らざる様申し付ける、尾髪猥りに取り散らし申さず、かり申し候わば早速揃え候て、一ケ月切り御武具所迄目形改め添え、手前にて越し申さるべく候、以上、

とあって、馬の毛（「尾髪」）は武具所で回収していたから、武具に用いていたことがわかる。実際に、甲冑の飾りなどとして用いられていた。

尾毛の利用

また、商人が請け負っているし、相当数の尾毛が集まるから、武具以外にも日常の消耗品として利用されていたことが考えられる。例えば、筆は鹿毛《しかげ》のほかに馬毛なども使われ

ていた。能面などの工芸品の装飾や川釣りの糸、刷毛《はけ》や裏漉《うらご》し器の網などにも馬毛は使われている。ただし、実際に何にどれだけの量の馬の毛が利用されていたかは、今後の課題である。

尾毛を使い尽くす

このように回収されていた尾毛だが、すべて使えたわけではなかったようである。例えば、盛岡藩・仙台藩ともに、馬尾とともに「鶏尾」が回収されていたが、「雑書」寛政二年（一七九〇）八月一三日条によると、

一、鶏黒尾、高百石に付拾本宛、御定目の通り上納滞り無く候えば、弐万三千本余りに候え共、御鞘一本に付黒尾五千本宛植え立て候由申し出候処、上納の内には細工相成らざる尾余計これ有り、壱万余りならでは御用立ち申さず、具《つぶさ》に吟味、武具奉行申し上げ候、（中略）これにより、当年より御用に立たざる尾は相除き候て、選尾上納仰せ付けられ候、

とあって、回収した鶏尾は鞘の飾りに使用されていたが、細工に使うことができないものも多く混じっており、「選尾」の上納を指示している。これは、馬尾毛にもいえることだろう。色や長さ、毛質などで選別されるだろうから、不用なものが相当出る。

そこで注目したいのが、幕末の事例であるから限定的かもしれないが、「牛馬毛は最上

品の田糞の趣に御座候」（「近代経済文書」）とあって、先に紹介した三本木原開拓では肥料として使用されていたことである。牛毛も肥料として使われていたから（のび、二〇〇九）、利用実態は興味あるところである。江戸時代の人々は、生きている馬も死馬もまるごと利用し、その恩恵にあずかっていたのである。

人馬にみる「共生」の姿——エピローグ

人馬一体の江戸時代

これまでみてきたように、江戸時代の馬は、その誕生において男馬（牡馬）に生まれるか、女馬（牝馬）に生まれるか、また、あらゆる身分の人々とともにあったから、誰に飼育されるかによって、その一生は大きく左右された。所有者が権力者であれば、その権威を帯びることになり、さらにその「御馬」の権威を笠に着る人々もいた。武士や百姓の馬になれば、「武具」にも「農具」にもなって、それぞれの身分を象徴する存在になった。死馬を扱う被差別民の存在もあった。

もちろん、「個人」の能力によって、百姓・町人身分の者が登用されて武士身分になった人がいたように、馬も「個体」のもつ特性によって、百姓や町人の馬が、藩主や将軍の

「御召馬」となり、後世に名を残すこともあったし、これとは逆の移動もあった。近世の身分制社会は、人だけでなく人の身分を象徴する馬の一生にも、大きく影響を及ぼしていたのである。

その馬の飼育には自然環境とのかかわりが不可欠で、人馬の生命は、ともに自然からの恩恵を享受して育まれ、また、災害や飢饉に見舞われた時には、ともに危機にさらされ奪われもした。人の生命維持に危機が及んだ時は、捨てられ、殺されて、喰われた馬が多かったのも事実である。しかし一方で、馬に助けられ支えられて生活を営んでいた人々のなかには、命の危険を顧みず馬の危機を救おうとする人の姿もあったし、死馬を供養する人々の姿もあった。厳しくも優しい自然環境のなかで、人馬は日々支えあって生きていたのである。

人々の営みと「共生」の姿

本書では、盛岡藩領と南部馬に注目して、自然と動物と人間との関係性をすべてまるごと見つめ直し、ありのままに描き、江戸時代の馬と人の生きた姿（「営み」）を具体的に浮かび上がらせることに努めた。

盛岡藩領に生きた人々の日々の営みのなかに、誕生から壮年期、老年期、そして死という南部馬の一生、さらには死んだ後の死骸までもが、まるごと深く入り込んでいた実態があった。そしてその営みのなかから、「人馬」という言葉が象徴するように、馬と人とが一体であるという心象が育まれた。馬に関する知識が豊富に蓄積されたり、馬の売買を介して人的交流が拡大したりした。農業や皮細工の技術が発展したり、信仰や行事といった文化が生まれたりもした。まさに、南部馬が、人々の生活文化の基盤となっていたのである。地域性による濃淡の差こそあれ、そこに、江戸時代における馬と人の生きた姿を垣間見ることができよう。

このように人馬は、互いに寄り添い生きていたが、しかしそれは、決して良好な関係ばかりではなかった。人馬と、人馬をとりまく優しくも厳しい自然環境、そして、そこに生息する多くの動物とのあいだにも、良好な関係・対立する関係などといった単純な図式では現しきれない、多様な関係性が交錯し展開していた。そして、まさにその総体こそが、江戸時代の自然と動物と人間との「共生」の姿そのものだったのであり、決して良好な関係のみが「共生」の姿ではなかったのである。

明治時代の東北の馬

それでは最後に、江戸時代以降の東北と馬の関係、また、南部馬のゆくえを紹介して終わりとしよう。宮城県公文書館の「牧畜」（明治二五～三五年〈一八九二～一九〇二〉）から、明治時代の東北と馬の関係を紹介したい。

明治二八年（一八九五）に宮城県が作成した公文書に、「奥羽六県ノ地ハ古来本邦ノ驥北《きほく》ト称ス」とある。すなわち、中国の冀州《きしゅう》の北部（現在の山西・河北省）が良馬（冀馬）の産地であることになぞらえて、東北地方を「本邦ノ驥北」と位置づけているように、古代以来の馬産地であるとの認識のもとに、県は「軍事ニ農商工業ニ多ク善良ナル馬匹《ばひつ》ヲ供給シ、以テ富強ノ計ニ資スル」ように馬産に努めていた。

「富強」、つまり「富国強兵」のうち、「富国」に注目すると、本文でも紹介したように、明治期になって「手耕」から「馬耕」への転換が試みられたが、その効果として次のように記されている（表は一部表記修正）。

一反歩ノ田ヲ耕スニ、人耕ハ二人ニテ一日ヲ要シ、馬耕ハ僅ニ三時間ヲ要ス、馬耕ノ人耕ニ優ル如此シ、且ツ馬耕ハ深耕ナルヲ以テ、其収穫量ニモ亦《また》多少ノ差異ナキ能ハス

		一坪の収穫量の対比	一升の重量
明治二三年	馬耕	一升七合	二七九匁
	人耕	一升三合六勺	同
明治二四年	馬耕	一升四合四勺	二七二匁

	人耕	一升二合	二七〇匁
明治二五年	馬耕	二升七勺	二七五匁
	人耕	一升五合三勺	二六五匁

この史料（「農業ニ馬匹ヲ使用スル経済上ノ得失」）は、馬産と馬耕を奨励するためのもので、数値の正確さに厳密さを求めることは難しいかもしれないが、しかし、人耕で一日掛かりのところが馬耕ならば三時間で済み、収穫量も増えるのだから、農業のあり方ばかりでなく、農民の暮らしにも大きな変化をもたらすことになった。地域によっては馬耕への転換にかなりの時間を要したが、しかし着実に、東北地方にも浸透していった。

図29　昭和戦前期の盛岡の馬市

次に「強兵」に注目すれば、明治二八年は前年からの日清戦争が終結した年だが、まさに実戦の場で活躍する軍馬の増産・育成に、国家を挙げて力が注がれるようになった。軍馬は軍部によって高く買い上げられたし、ま

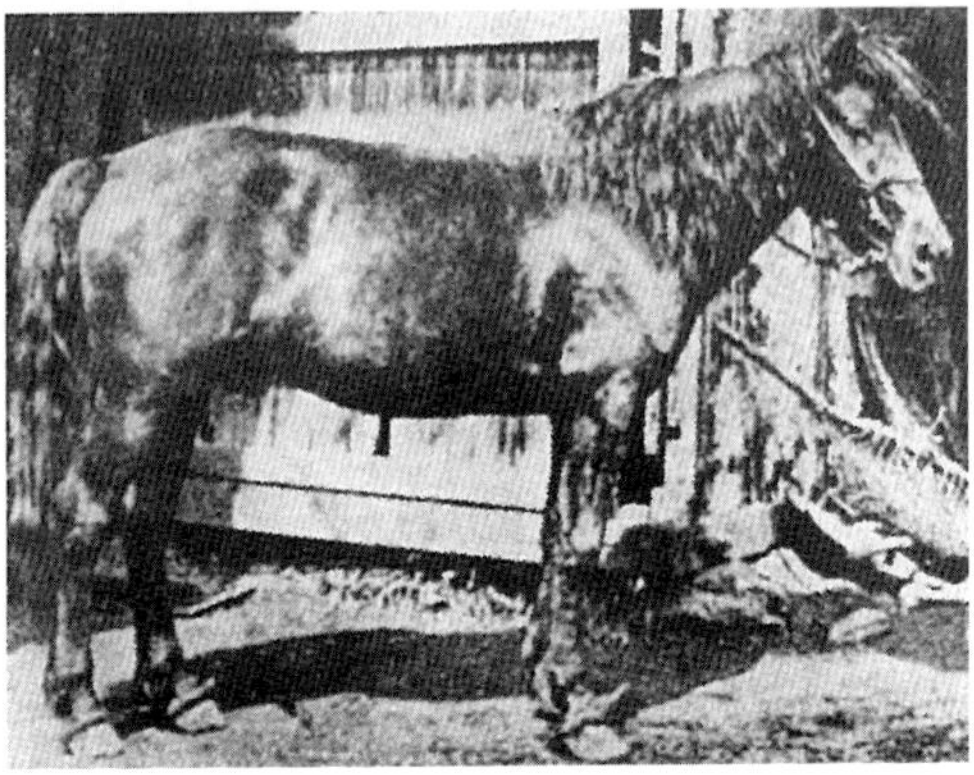

図30　最後の南部馬盛号

た、それは名誉なことでもあったから、競って軍馬を育てた。東北の村々からは、馬が海を渡って大陸に送り出されていた。

日清・日露戦争で海外の馬力ある大型馬に接した日本では、小型在来馬の品種改良が喫緊の課題となり、国策として外国産馬と在来馬の交配がすすんだ。また、去勢された海外の馬が、去勢されずに気性の荒い日本の馬にくらべて制御しやすいことを目のあたりにして、国内でも去勢が導入された。

このように大陸での戦争の経験から、在来馬はその姿を大きく変化させていった。ただし、改良された大型馬（軍馬）については、農家にとって購入費や飼育費などの費用がかさんだため、経費削減をはかる小規模農家からは敬遠され、小型馬を求める矛盾も生じていたという（大瀧、二〇一三）。そして、南部馬は良馬であるがゆえに、交配がすすめられて、結果、その純血種は、早くに絶えてしまう。なんとも皮肉なことである。

馬は時代を映す鑑

日清・日露戦争による軍馬の需要増で馬が増産され、岩手では、チャグチャグ馬コも賑わった。石川啄木や宮沢賢治は、明治から大正期のチャグチャグ馬コの記録を残しており、

夜明げには　まだ間あるのに　下のはし　ちゃんがちゃんがうまこ　見さ出はたひと
宮沢賢治

などと、人々が待ちに待っていた姿、祭りを楽しんでいた様子を伝えるが、昭和に入り日中戦争や太平洋戦争では、軍馬の確保と娯楽排除の風潮のなかで、明治時代から続く盛岡競馬が廃止され、チャグチャグ馬コも中断を余儀なくされる。戦地で亡くなった馬は、各地に「軍馬慰霊塔」などが建てられて供養された。

しかし、戦後すぐに競馬・チャグチャグ馬コがともに復活しているように、馬事文化は現在にも受け継がれた。岩手競馬は、経営の改善がはかられつつ、今も東北地方唯一の地方競馬として存続している。プロローグで述べたように、昭和三〇年代以降（一九五五〜）、農業においては機械化がすすみ、交通においては自動車が普及して、しだいに人々のまわりから馬は姿を消し、身近な存在ではなくなったが、東北地方では、今なお馬事文化は地域の誇りとして、核となって伝わり、現在においても新たな馬の活用が試みられている。

ちなみに、現在、馬肉はチェーン店の居酒屋でも出されているように、広く食べられるようになったが、江戸時代に馬産地だった地域では、馬肉を特産として売り出すところもあるが、馬への親しみの情から、今なお馬肉を食べることを避ける地域もある。周囲の反応を気にして馬肉を販売していることを宣伝せずそっと扱っている店もあれば、馬肉と知らずに食べておいしいと思い、何の肉かと店の人に尋ねて「馬肉」と知った途端、箸を止める人もいる。盛岡も少し前はそうした意識が強かったと聞くし、相馬の人たちはやはり馬肉を食べることに抵抗があるという。もちろん、馬産地に関係なく、馬を好きな人のなかには、馬肉食を避ける人も多い。馬と人との関係は、こうした馬肉食への意識や嗜好性にも現れて、興味が尽きない。

こうしてみてくると、本書で紹介したように、戦乱の世から泰平の世へ移行した一七世紀、泰平の世を謳歌した一八世紀、そして対外的危機が高まる一八世紀末以降と、江戸時代でもその時々によって馬に求められたもの、人馬の関係性が変化したように、近現代においても、馬のあり方と人馬の関係性は、その時々に変化をしており、馬事文化の変容や馬肉食のあり方も含めて、馬はその時代を映す鏡といえよう。

もちろん、本書で描いたところは、長い歴史のなかのほんの一部であり、江戸時代に限ったとしても、まだまだ描き切れていない人馬の姿がある。近年の考古学による発掘の成果も取り入れたいところであるが、今回は叶わなかった。本書の試みは、ここでひとまず筆を擱くこととするが、今後も馬と人の関係に着目して、新たな歴史像が描かれていくことを期待したい。

あとがき

私が馬を素材に歴史を描くようになったのは、ひとつには、本書でも記したように、馬が身近に感じられる街の盛岡で、小学三年から岩手大学の修士課程までを過ごしたことが根幹にあり（現在でも実家があり、仕事もあるので毎週のように仙台―盛岡間を往復している）、ふたつには、岩手大学での指導教官であった細井計先生が執筆された公儀御馬買衆に関する論文を読んで、研究素材としての魅力を感じたことにはじまる。

その後、東北大学の博士課程に編入学してからも、公儀御馬買衆の研究を進め、演習の時間に報告した際、「御馬」の余生について触れたところ、指導教員の大藤修先生が、「馬のライフサイクルをやったらおもしろいのでは」と発言された。後にこのことを話したら、先生はお忘れになっていたが、私の頭にはこの言葉が長く残っていた。それが、本書のもとになる『環境の日本史四　人々の営みと近世の自然』（吉川弘文館、二〇一三年）の拙文

「南部馬にみる近世馬の一生」につながる。

福田千鶴先生の『新選御家騒動』(新人物往来社、二〇〇七年)の研究会でお目にかかって以来、何かとお世話になっている武井弘一さんから、「水本邦彦先生が『環境の日本史』の近世編を担当されるから、馬で企画書を書いて提出してみませんか」とお誘いを受けたとき、大藤先生の言葉がすぐに思い浮かび、馬のライフサイクルという項目も含めて、二〇一〇年二月に企画書を送った。そこには、研究課題として以下のように書いた。

これまでの数多くの研究成果もとりこんで、良好な関係、対立する関係、すべてまるごと含めて、改めて見つめ直すことで、今以上に人間と動物との関係が密接であった江戸時代における人間と動物との共生の実態を、ありのまま描いていきたいと考えている。そしてそこに、江戸時代の人びとの生きた姿を垣間見たい。

動物は南部馬を素材にすることにしていたが、馬の一生を豊かに描けるだけの史料を集められるだろうか、共生の実態に迫れるだろうかと、大風呂敷を広げ過ぎたと思ったが、「当確」の通知を受け、まずは盛岡藩家老席日記「雑書」から、馬は勿論、ほかの動物が出てくる記事も拾いデータ化する作業をはじめ、少しずつ課題に迫っていった。

そして一年経った二〇一一年三月一一日、東日本大震災が発生した。当時の職場の宮城県公文書館で勤務中だった私は、震度六強のはじめて体験する激しく長い揺れに、ただただ恐怖を感じ、身動きすることができなかったことを、いまも鮮明に覚えている。四月初めには、職場の川名充さんに同乗させてもらい、仙台市周辺の沿岸部の被災状況を現地に行って目のあたりにし、何も言葉を発することができなかった。そして、この震災が、拙文と本書の内容をより深める契機にもなった。

震災の影響で五月の岡山での勉強会に参加できなかった私と原淳一郎さんも含めた勉強会が開かれたのは、原稿締め切りを月末に控えた二〇一一年九月一、二日のことだった。その勉強会のレジュメでは、研究課題のところに以下のように書いた。

これまでは、人間と動物との良好な関係、或いは、対立する関係、どちらか一方に軸足を据えた描かれ方が多かった観がある。そこで、生命を育みまた奪いもする自然環境のなかにあって、ともに生きる人間と動物との関係性をすべてまるごと見つめ直し、自然と人間と動物との「共生」の実態をありのままに描きたい。そしてそこに、江戸時代の人びとの生きた姿を垣間見たい。

あまり変わっていないように感じられるかもしれないが、被災した公文書館の復旧作業に目処がついた四月の最終週から、岩手大学・盛岡大学の学生さんと一緒に岩手県立博物館で被災史料のレスキュー活動に参加し、また、六月には子どもの頃から海水浴に行っていた岩手県陸前高田市で被災地の惨状に衝撃を受けたこと、そして、津波で家族や家を失って「海を見たくない」と話していたものの「やはり海のみえるところに住みたい」と願う被災者の声を聞き、さらに、人々の生命と生活を奪った津波のあとは波穏やかになり人々に豊かな恵みをもたらす場へと戻ろうとしつつあった海をみたとき、「生命を育みまた奪いもする自然環境」を強く意識したし、そうした「自然と人間と動物との「共生」」の姿は、単にプラスの関係やマイナスの関係ではなく、そうした関係をも含めた複雑な関係性の総体であるとの認識を一層深めることにもなった。本書では、拙文の内容を踏まえ、新たな素材を多く盛り込み、紙幅を増やして、この点は強調したところである。

なお、陸前高田市立図書館所蔵だった気仙郡大肝煎吉田家文書についても、その存在は知っていたものの本書で活用することになったのは、震災で被災し、そのレスキュー活動に携わったことが大きい。様々な方の手によって修復されたこの文書を、ぜひ活用してほしいと願っている（現在、デジタルミュージアム構想を進めている）。

震災直後、営業していたのはチェーン店の居酒屋であった。しばらくして緊張の糸を弛めようと仲間と行ったとき、刺身などの生物は勿論なかったが、その替わりに馬刺しが出されていた。馬肉食に注目したのは、本書の多くの部分でそのご研究から示唆を受けている菊池勇夫先生の影響によるところが大きいが、こうした体験もあったことによる。食料確保に苦労した当時、出てきた馬刺しには感謝した。

『環境の日本史四』が出版されて以降は、鯨井千佐登先生にお誘いいただき、いつもお世話になっている浪川健治先生もご一緒だった研究会で、盛岡藩における死馬の利用について報告をさせていただいた。本書にもその成果が含まれている。

馬産地である盛岡藩が南部馬を介して様々な恩恵を得ていたように、私も馬の研究をとおして、東北からほとんど外に出ず出不精ながら、多くの方々に知っていただき、交流を深め、研究を進展させることができた。馬に関する仕事も舞い込んでくるようになった。研究会の会場の廊下で、沢山美果子先生が学生さんに私を紹介するとき、私の名前がすぐに出てこなかったらしく、「あの、馬の方……」とおっしゃって紹介してくださったが、研究対象の馬が私と同化していて、なんだか可笑しくもうれしかった。相馬野馬追の里の南相馬市で一緒に仕事（『原町市史』）をしている三宅正浩さんには、ほかの研究も進めるように励ましていただいており、私自身もこれまで執筆した論文を一書にまとめなければと気ばかり焦っているが、まだまだ馬から遠ざかることはできないようである。

なお、本書の刊行を待たず、塚本学・青木美智男両先生が他界された。痛恨の極みである。拙文をお送りした際、塚本先生からお葉書をいただいた（二〇一三年二月一六日筆）。ご病気で文字を書くのも思うに任せないと記されており、お葉書の文字を目にすると、感謝の念とともに胸が詰まる。細井先生と東北大学の院生時代に同期の青木先生からは、私が院生時代から抜刷をお送りしてご教示を得、お目にかかっては「恩師（細井先生）を越えろ」と励ましていただいた（最後のお葉書には「ようやく恩師を越えそうですね」とあって、恐縮するがうれしかった）。天国の両先生に、この場で本書の刊行を報告したい。

最後に、『環境の日本史四』を担当され、それが縁で本書の執筆を依頼してくださった吉川弘文館の石津輝真さん、校正でお世話になった同じく大熊啓太さんには、はじめての単著を刊行させていただいたこと、それが私の大好きな郷里の岩手県と盛岡藩のことを中心に、しかも南部馬で自由に執筆させていただいたことに、厚くお礼申し上げたい。

二〇一四年一二月　午から未になる前に

兼平賢治

参考文献

阿部茂巳「元治元年小屋頭の身分解放」『岩手史学研究』八六、二〇〇三年
荒居英次「徳川吉宗の洋牛馬輸入とその影響」『日本歴史』一七四、一九六二年
有元正雄『近世被差別民史の東と西』清文堂出版、二〇〇九年
市川健夫『日本の馬と牛』東京書籍、一九八一年
市川健夫「日本における馬と牛の文化」『日本民俗文化大系六　漂泊と定着』小学館、一九八四年
榎森　進「近世における北奥の狩猟」東北学院大学史学科編『歴史のなかの東北』河出書房新社、一九九八年
大石　学「関東における鷹場制度　享保改革と地域編成」同編『日本の時代史一六　享保改革と社会変容』吉川弘文館、二〇〇三年
大瀧真俊『軍馬と農民』京都大学出版会、二〇一三年
大谷貞夫「江戸の馬は「こしらい」馬」同『江戸幕府の直営牧』岩田書院、二〇〇九年（初出一九九九年）
岡　光夫『日本農業技術史』ミネルヴァ書房、一九八八年
香月洋一郎『馬耕教師の旅』法政大学出版局、二〇一一年
門屋光昭『淡路人形と岩手の芸能集団』シグナル社、一九九〇年

菊池勇夫『飢饉から読む近世社会』校倉書房、二〇〇三年
菊池勇夫「『模地数里』に描かれた松前」神奈川大学二一世紀COEプログラム研究推進会議編『年報人類文化研究のための非文字資料の体系化　三』二〇〇六年
菊池勇夫「盛岡藩牧の維持と狼駆除」同『東北から考える近世史』清文堂出版、二〇一二年（初出二〇一一年）
菊池勇夫「盛岡藩牧の野焼き」同『東北から考える近世史』清文堂出版、二〇一二年（初出二〇一二年）
北原　進「府中の馬市」『府中市史　付編』一九六七年
鯨井千佐登「交流と藩境」同『表皮の社会史考』辺境社、二〇一三年（初出一九九〇年）
鯨井千佐登「境界の神と「癩人小屋」」「境界の神と皮＝衣裳」同『境界の現場』辺境社、二〇〇六年（初出二〇〇四年）
鯨井千佐登「毛と尾」同『表皮の社会史考』辺境社、二〇一三年
久留島浩「牧士」同編『近世の身分的周縁五　支配をささえる人々』吉川弘文館、二〇〇〇年
白川部達夫「幕末期関東における農馬販売についての覚書」同『江戸地廻り経済と地域市場』吉川弘文館、二〇〇一年（初出一九九三年）
鈴木直哉「江戸時代における馬の見方」『千葉県史料研究財団だより』一六、二〇〇五年
須田　茂「享保期佐倉牧付新田の開発と農民層」『地方史研究』一九二、一九八四年
高埜利彦『日本の歴史一三　元禄・享保の時代』小学館、一九九二年

武井弘一「近世の百姓と煙草」琉球大学法文学部編『地理歴史人類学論集　一』二〇一〇年
武井弘一「加賀藩の猿引」琉球大学法文学部編『地理歴史人類学論集　四』二〇一三年
武井弘一「稲の一七世紀」東北近世史研究会春のセミナーレジュメ、二〇一四年
塚本　学『生類をめぐる政治』平凡社、一九八三年
塚本　学「歴史と民俗にみる近世の馬」『日本民俗文化大系六　漂泊と定着』一九八四年
塚本　学「江戸時代における動物の生命と人命」同『江戸時代人と動物』日本エディタースクール出版部、一九九五年（初出一九九五年）
塚本　学『生きることの近世史』平凡社、二〇〇一年
中野渡一耕「三本木原開拓地における製革業について」『地域文化研究』四、一九九五年
中村　勝「幕府の牧支配体制と原地新田の開発」小笠原長和編『東国の社会と文化』梓出版社、一九八五年
浪川健治「近世後期北奥における被差別集団の動向」『歴史人類』三六、二〇〇八年
浪川健治「「諸士知行所出物諸品并境書上」の作成とその歴史的背景」同編『近世の空間構造と支配』東洋書院、二〇〇九年
根崎光男『生類憐みの世界』同成社、二〇〇六年
野口　実『武家の棟梁の条件』中央公論社、一九九四年
のびしょうじ『皮革の歴史と民俗』解放出版社、二〇〇九年
長谷川成一『近世国家と東北大名』吉川弘文館、一九九八年

深井雅海『日本近世の歴史三　綱吉と吉宗』吉川弘文館、二〇一二年
福田千鶴『酒井忠清』吉川弘文館、二〇〇〇年
藤井譲治『日本の近世三　支配のしくみ』中央公論社、一九九一年
二木謙一「室町幕府八朔」同『中世武家儀礼の研究』吉川弘文館、一九八五年
細井　計『盛岡藩宝暦の飢饉とその史料』東洋書院、二〇一一年
水本邦彦『日本史リブレット五二　草山の語る近世』山川出版社、二〇〇三年
水本邦彦『日本の歴史一〇　徳川の国家デザイン』小学館、二〇〇八年
森嘉兵衛『森嘉兵衛著作集八　日本僻地の史的研究　上』法政大学出版局、一九六九年
森嘉兵衛『森嘉兵衛著作集一　奥羽社会経済史の研究　平泉文化論』法政大学出版局、一九八七年
森下　徹「盛岡藩石垣師の江戸稽古」同『近世都市の労働社会』吉川弘文館、二〇一四年（初出一九九七年）
山室恭子『黄門さまと犬公方』文藝春秋、一九九八年
渡辺信夫「馬」『講座日本技術の社会史八　交通・運輸』日本評論社、一九八五年
拙稿「中村藩家老熊川家文書にみる公儀御馬買衆」『相馬郷土』二二、二〇〇七年a
拙稿「東北の馬にみる江戸幕府御用馬購入策の変遷」『日本歴史』七一一、二〇〇七年b
拙稿「南部騒動」福田千鶴編『新選御家騒動　上』新人物往来社、二〇〇七年c
拙稿「近世前期における牢人（新参家臣）の一生と武家社会の転換（上）」『岩手史学研究』九〇、二〇〇九年

拙稿「南部馬にみる近世馬の一生」水本邦彦編『環境の日本史四　人々の営みと近世の自然』吉川弘文館、二〇一三年a
拙稿「「御国」「他国」「異国」からみた一七・一八世紀の盛岡藩の「国政」「御国之風儀」」浪川健治・小島康敬編『近世日本の言説と「知」』清文堂出版、二〇一三年b
拙稿「奥羽の富のゆくえ・人びとの移り変わり」高橋充編『東北の中世五　東北近世の胎動』吉川弘文館、二〇一五年刊行予定

著者紹介

一九七七年、岩手県に生まれる
一九九九年、岩手大学教育学部卒業
二〇〇六年、東北大学大学院文学研究科博士後期課程修了
現在、東海大学文学部専任講師、博士（文学）

主要著書・論文

「南部馬にみる近世馬の一生」（水本邦彦編『環境の日本史四　人々の営みと近世の自然』吉川弘文館、二〇一三年）
「「藩主御内書」の基礎的研究」（『日本史研究』六〇五、二〇一三年）
『盛岡藩家老席日記雑書　二三～三六』〈分担校閲〉（東洋書院、二〇一〇～一五年）
『新編八戸市史　中世資料編』〈分担執筆〉（八戸市、二〇一四年）

歴史文化ライブラリー
398

馬と人の江戸時代

二〇一五年（平成二十七）四月一日　第一刷発行

著　者　兼《かね》平《ひら》賢《けん》治《じ》
発行者　吉川道郎
発行所　株式会社 吉川弘文館
東京都文京区本郷七丁目二番八号
郵便番号一一三―〇〇三三
電話〇三―三八一三―九一五一〈代表〉
振替口座〇〇一〇〇―五―二四四
http://www.yoshikawa-k.co.jp/
印刷＝株式会社 平文社
製本＝ナショナル製本協同組合
装幀＝清水良洋・宮崎萌美

歴史文化ライブラリー

1996.10

刊行のことば

現今の日本および国際社会は、さまざまな面で大変動の時代を迎えておりますが、近づきつつある二十一世紀は人類史の到達点として、物質的な繁栄のみならず文化や自然・社会環境を謳歌できる平和な社会でなければなりません。しかしながら高度成長・技術革新にともなう急激な変貌は「自己本位な刹那主義」の風潮を生みだし、先人が築いてきた歴史や文化に学ぶ余裕もなく、いまだ明るい人類の将来が展望できていないようにも見えます。このような状況を踏まえ、よりよい二十一世紀社会を築くために、人類誕生から現在に至る「人類の遺産・教訓」としてのあらゆる分野の歴史と文化を「歴史文化ライブラリー」として刊行することといたしました。

小社は、安政四年（一八五七）の創業以来、一貫して歴史学を中心とした専門出版社として書籍を刊行しつづけてまいりました。その経験を生かし、学問成果にもとづいた本叢書を刊行し社会的要請に応えて行きたいと考えております。

現代は、マスメディアが発達した高度情報化社会といわれますが、私どもはあくまでも活字を主体とした出版こそ、ものの本質を考える基礎と信じ、本叢書をとおして社会に訴えてまいりたいと思います。これから生まれでる一冊一冊が、それぞれの読者を知的冒険の旅へと誘い、希望に満ちた人類の未来を構築する糧となれば幸いです。

吉川弘文館

〈オンデマンド版〉
馬と人の江戸時代

On Demand
歴史文化ライブラリー
398

2022年（令和4）10月1日　発行

著　者　兼《かね》平《ひら》賢《けん》治《じ》
発行者　吉川道郎
発行所　株式会社　吉川弘文館
〒113-0033　東京都文京区本郷7丁目2番8号
TEL　03-3813-9151〈代表〉
URL　http://www.yoshikawa-k.co.jp/
印刷・製本　大日本印刷株式会社
装　幀　清水良洋・宮崎萌美

兼平賢治（1977～）

ISBN978-4-642-75798-0